JN319788

ジムに通う人の栄養学

スポーツ栄養学入門

岡村浩嗣 著

ブルーバックス

カバー装幀／芦澤泰偉・児崎雅淑
目次・章扉デザイン／中山康子
カバー写真／technotr/gettyimages
本文図版／さくら工芸社

まえがき

栄養・食事の効果と体を動かすことの効果は相互に影響しあう。たとえば、体を動かさないで食べると体脂肪が合成されて太るのに対して、体を動かしてから食べると筋肉の合成が促進されやすい。

運動後の栄養は、早めに補給したほうが数時間経ってから補給するよりも筋肉が合成されやすい。このように、同じものを食べたり飲んだりしても、摂取タイミングが違えば栄養効果が違う。

筋肉を増やしたり体脂肪を減らしたりするのは、運動の目的の筆頭格といえる。そうした目的をより早く、より確実に達成するには、そのための栄養・食事法がある。

こうした栄養・食事法は、競技スポーツをおこなっているアスリートを対象にしたものと思われている方が多いかもしれない。しかし、スポーツ栄養学はアスリートのためだけのものではない。ジムに通ったりして健康のために体を動かしている人にも役立つ。

本書では、そのようなアスリートではない健康のために体を動かしている人が、日頃の運動と栄養・食事の効果を高めるのに役立つことがらを、科学的なエビデンスに基づいて紹介する。

著者は学生時代に恩師から「これを食べてはいけない」とか「これを食べなければいけない」といった、脅迫の栄養学をしてはいけないと教わった。「栄養バランスの良い食事をしなければ……」と思わせることは、栄養学を知らない人には「脅迫」になりかねない。そもそも、人が昔から食べてきた食べ物であれば、体に悪い食べ物はない。体に悪いとすれば、食べ過ぎなど食べ方が良くないだけだと思う。

「栄養バランスの良い食事」のレシピを紹介する書籍はたくさんある。しかし、それらの多くは、料理に慣れていない人や、料理はできない、したことがない、する時間がないといった人には残念ながらほとんど役に立たない。

本書は、そうした人にも役立つ内容になるように心がけた。たとえば、本書では「意外に悪くない朝食」や「夕食は鍋」など、手軽にできる食事を紹介している。こうした内容を見ていただいて、「栄養バランスの良い食事」は難しいものではないのだということを知るきっかけとなってくれればとも考えている。

現代の日本では、健康に良いとされる食品がいろいろと研究・開発されている。しかし、問題なのはむしろエネルギーが過剰なことである。何かを食べたら健康に良いというよりも、食べないほうが健康に良いのだといえるのではないか。「食べないほうが」というのはエネルギーが過剰な状態の人が、摂取エネルギーを減らして余分な体脂肪を減らすことを意味する。一方、運動することは、消費エネルギーを増やすことでエネルギーが過剰な状態を改善する。両者はエネルギーが過剰な状態を改善するという目的は同じである。ただし、体に対する影響は同じではない。

運動の効果を高めるにはどんな栄養・食事が良いのか、教えてもらえるトレーナーや栄養士がいない方、アスリートではないけれど健康のために体を動かしたり、余暇でスポーツをしている方に、スポーツ栄養学の入門書としてお読みいただければと思う。

本書の出版にあたり講談社・中谷淳史氏には貴重なご助言をいただきご苦労をおかけした。ここに深謝申し上げる。

岡村　浩嗣

もくじ

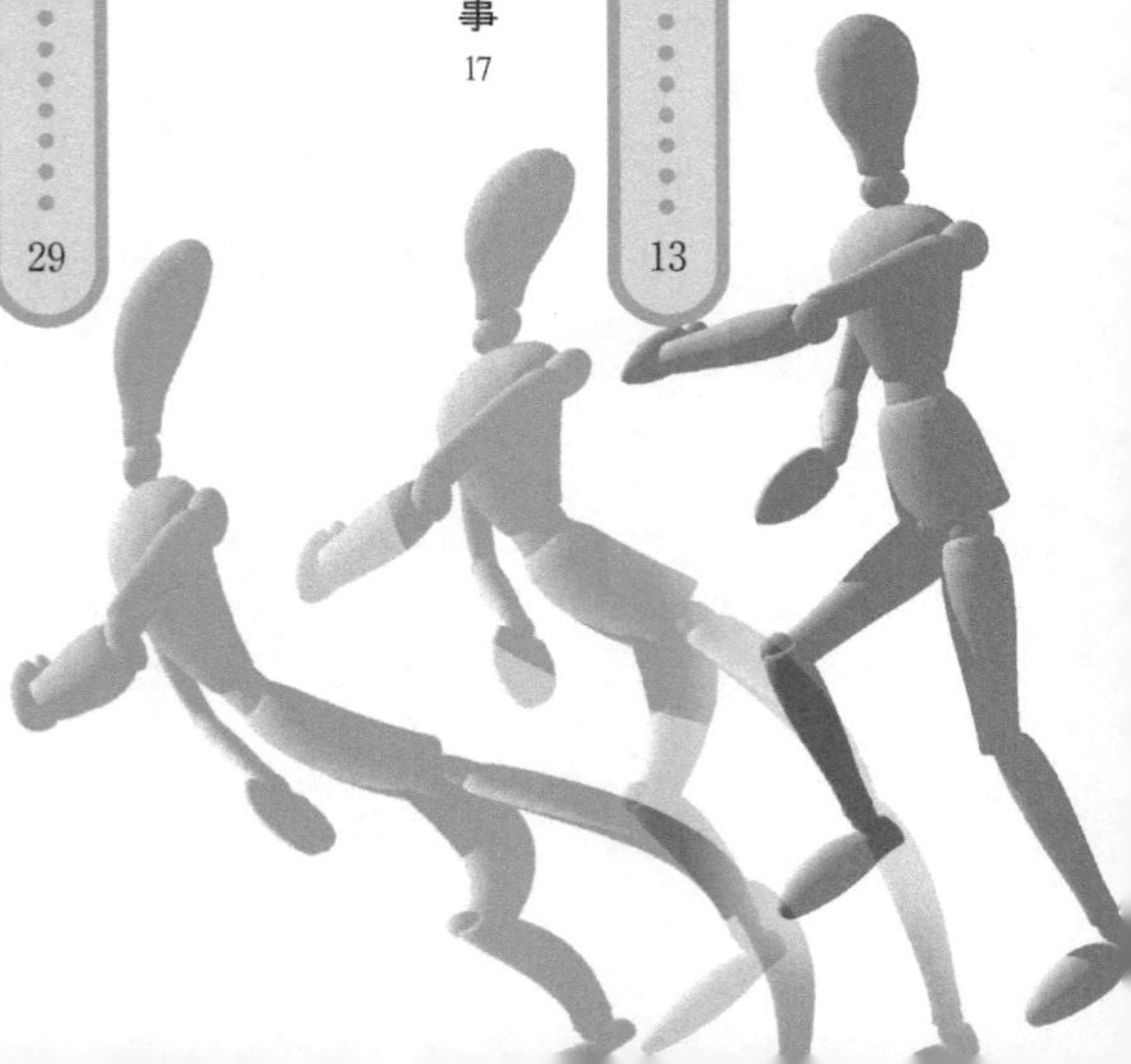

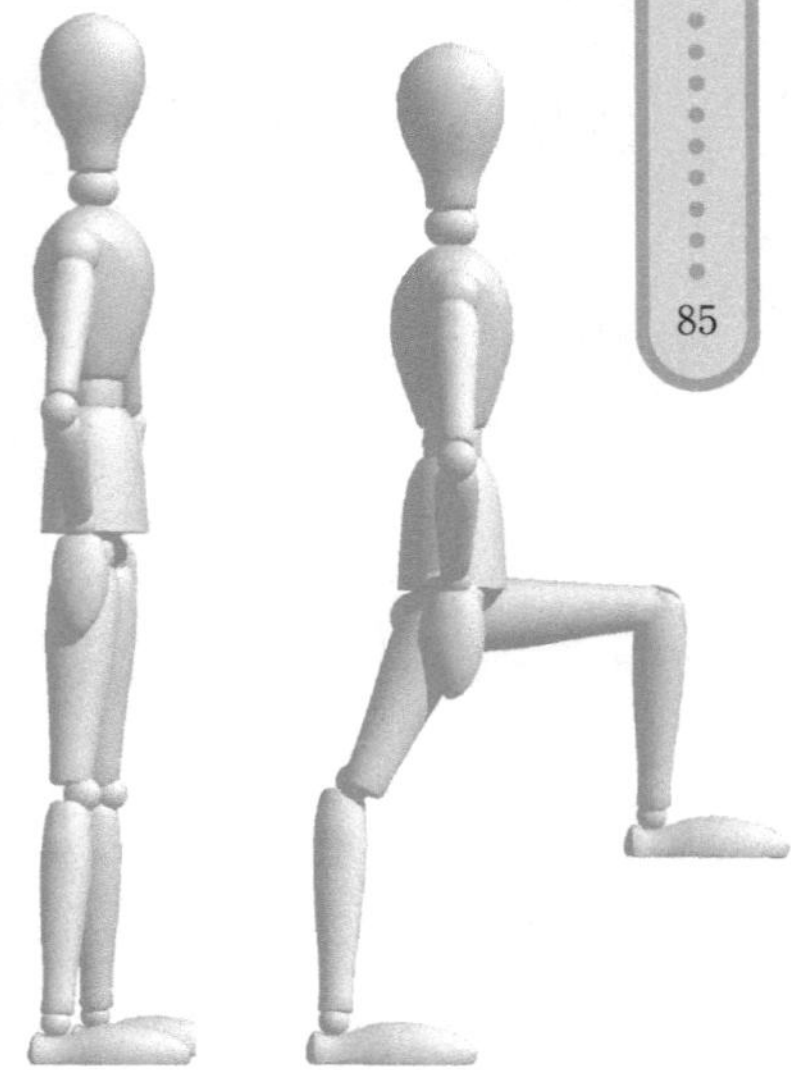

第9章 スポーツ栄養学Q&A 171

第1章 スポーツ栄養学とは何か

スポーツ栄養学と栄養効果

スポーツで体を動かすと必要なエネルギー量が増えるので、体を動かさないときよりもたくさん食べる必要がある。運動は摂取した飲食物の栄養効果に影響する。言い換えれば、同じ物を食べても、運動をするかしないかで栄養効果が異なる。

図１－１は筋力トレーニングの経験のない人が12週間の筋力トレーニングをして、その効果を測った実験の結果である。たんぱく質の摂取量を増やさなくてもベンチプレスやレッグプレスなどで筋力が強くなり、筋線維が肥大、すなわち筋肉が肥大したことが示されている。摂取したたんぱく質が、筋肉合成などの体づくりにどの程度利用されたかは「窒素出納」という指標で評価する。図１－１のように12週間のトレーニング後のほうがトレーニング前よりも窒素出納が増大している。これは、運動すると食事のたんぱく質を増やさなくても、摂取したたんぱく質の体への蓄積割合が増大したことを意味する。

母乳で授乳していると、母体から１日あたり牛乳２００㎖に含まれる量とほぼ等しい２００㎎のカルシウムが失われ、母親の骨密度が低下する。しかし、授乳期間中に筋力トレーニングをしていると、腰椎の骨密度の低下が軽度に抑えられる。図１－２はそれを示している。

これらは、運動が体内でのたんぱく質やカルシウムの利用効率を高めたことによると考えられる。このように、運動は摂取した栄養素の栄養効果や、体の栄養状態に大きな影響を及ぼす。

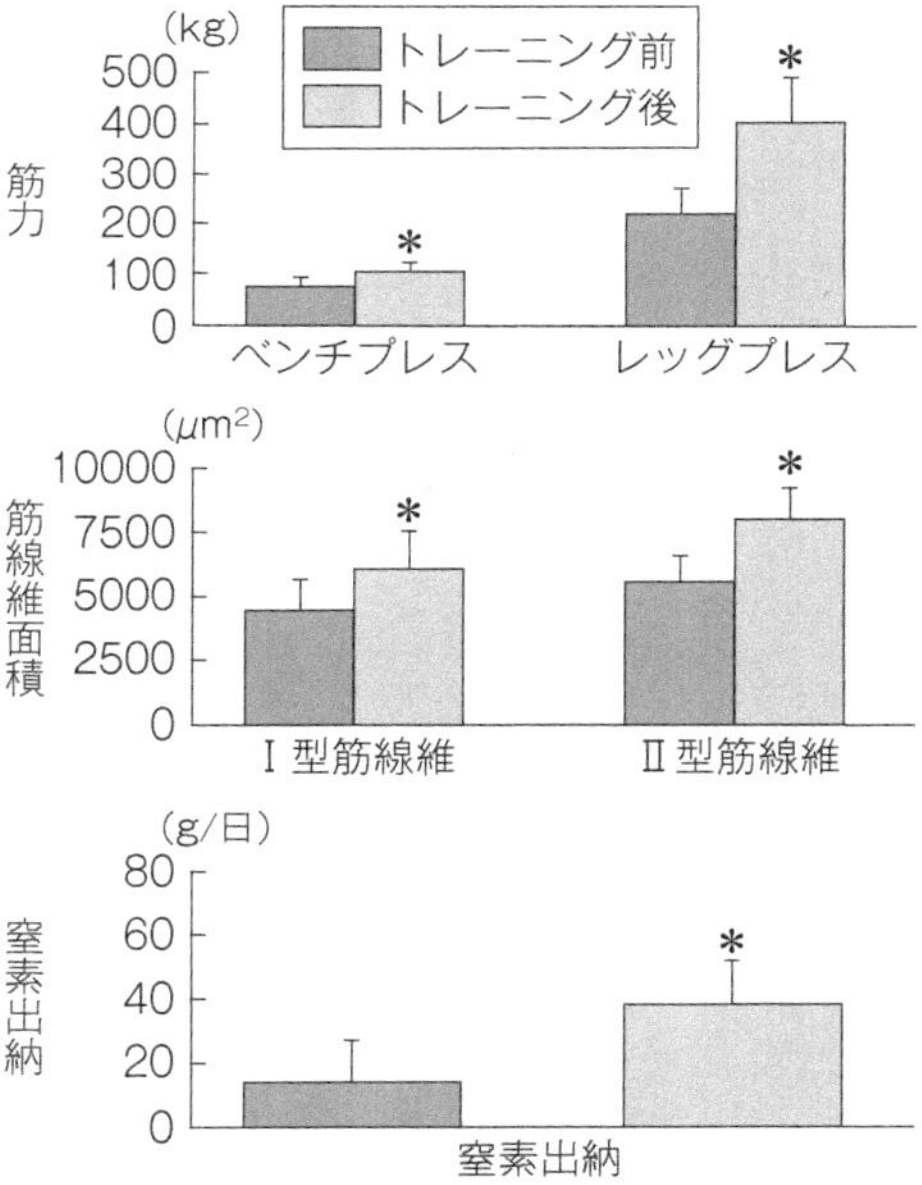

図1-1　筋力トレーニングの効果はたんぱく質摂取量を増やさなくても現れる。Moore D2007

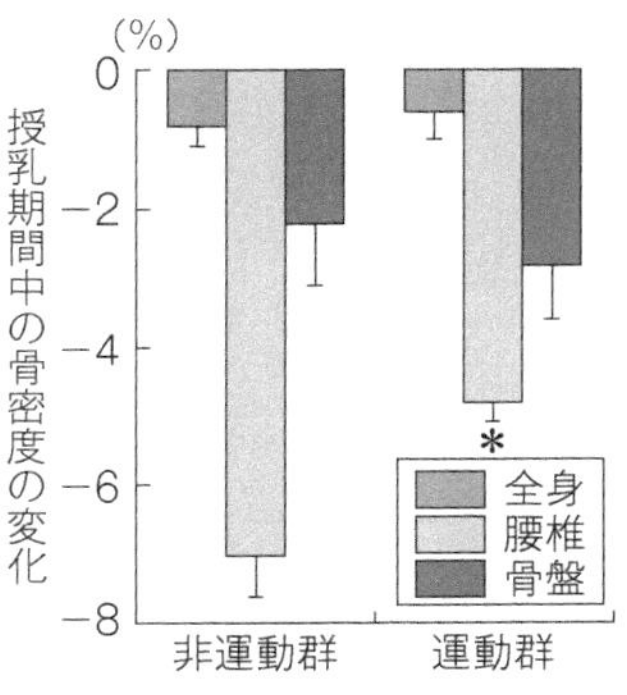

図1-2　筋力トレーニングは授乳期間中の骨密度の低下を軽減する。Lovelady Cら2009

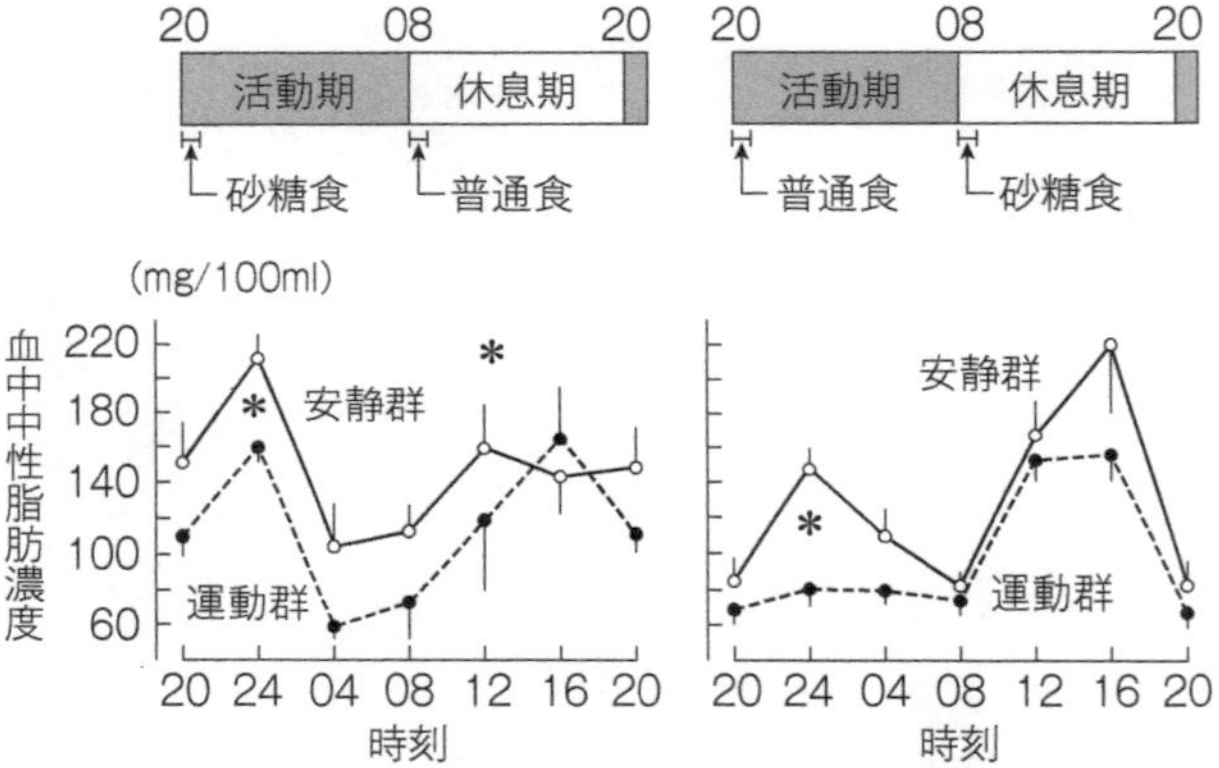

図1-3　運動は砂糖による血中中性脂肪濃度の上昇を砂糖食の摂取タイミングに関わりなく抑制する（ラット）。平均と標準誤差。＊安静群にくらべて有意差がある。Suzuki M ら 1983

図1－3は、運動をさせたラットと安静にさせたラットの、血液中の中性脂肪濃度を比較した実験の結果である。ラットに砂糖の多い餌を与え、血中中性脂肪濃度に及ぼす運動の影響を調べた。1日あたりの砂糖の摂取量が同じでも、活動期に回転かごで自由に運動したラット（運動群）のほうが、一日中安静にしていたラット（安静群）よりも血中中性脂肪濃度が低い。左図は活動期に砂糖食を与え、右図は休息期に砂糖食を与えたものだが、運動したラットの血中中性脂肪濃度が低い点は同じであった。

夜たくさん食べると太りやすいが、朝たくさん食べても太りにくい、ということは経験的に知られている。これを実験で示したデータもある。図1－4がそれで、同じ量の砂糖を摂取しても、活動期の前に摂取したときのほうが休息期の前に摂取したときよりも血中中性脂肪濃度が低い。これは、運動の効果は、食事の摂取タイミングによって変わることを示している。「タイミングの栄養学」の草分けの研究である。

人は食べないと生きていけないが、運動しなくても生きてはいける。しかし、健康になるためには運動したほうが良い。そして、運動してもきちんと食べないと、運動の効果が得られないばかりでなくかえって健康を害することになりかねない。食事も運動もどちらも大事である。

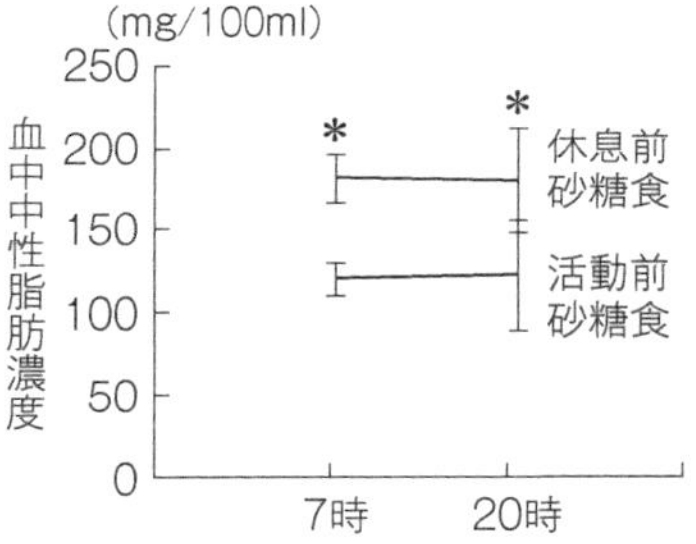

図1-4　砂糖食を活動前に摂取すると休息前に摂取した場合よりも血中中性脂肪濃度が低い（ラット）。＊活動前砂糖食にくらべて有意差がある。Suzuki Mら 1982

スポーツ栄養学というと、アスリートの運動能力を高めるための学問というイメージがあるかもしれないが、このように、健康のために運動するときの栄養・食事のあり方も対象としている。

ジムで運動する人とアスリートの栄養・食事

この本を手にされた方は、すでにジム運動をしている人か、これからしようかと興味を持っている人であろう。では、一般人のジム運動で必要な栄養素と、アスリートが必要とする栄養素は異なるのだろうか。

実際には、一般人もアスリートも必要な栄養素は同じなので、ジムで運動する一般人とアスリートで必要な栄養素に違いはない。したがって、スポーツ栄養学はジム運動にも適用できる。

ただし、ジムで運動する目的にもよるが、一般人がジムでおこなう運動で消費するエネルギーは、アスリートが日常のトレーニングで消費する量よりも少ない。ということは、食事量はアスリートほど多くなくて良いといえる。

食事量は体の大きさや運動量によって決まる。エネルギー必要量については第4章で述べる。

生活に採り入れやすい栄養学を

「バランスの良い食事」というのは良い食事の代名詞だろう。ただ、偏食せずいろいろな食品を食べれば良いということは分かっていても、具体的にどういう食事をしたら良いのかと言われると答えられる人は少ないのではないだろうか。

小学校の給食で、食べ物が色分けされていたのを覚えておられるだろうか。血や肉を作るものが「赤」、力や体温になるものが「黄」、体の調子を良くするものが「緑」である。このような分類を「食品群」といい、含まれている栄養素の特徴によって食品を分けている。それぞれの色の食品群の食べ物を組み合わせて食べることで、必要な栄養素が摂れるように工夫されている。栄養素の種類と役割については第３章で述べる。

「ご飯と豆腐の組み合わせは良くないんですよね」と言う人がいた。「なぜですか」と尋ねたら「どっちも色が白いから」と答えた。ご飯は「黄」、豆腐は「赤」に分類されるので良い組み合わせである。笑い話のようであるが、食品を色分けして、いろいろな色の食品を食べるのが良いという、子どもの頃に触れたことの影響は大きいと感じた。

この色分けによる食品群の考え方とともに、次に述べる「５つの食品カテゴリー」を知っておくと「バランスの良い食事」をするのに役立つ。

５つの食品カテゴリー

日本食には「主食」「主菜」「副菜」という区別がある。主食はご飯や麺類、パンなど。主菜は肉、魚介、卵、大豆食品など。副菜は野菜、海藻、きのこなどである。これが栄養を考える上で都合が良い。主食・主菜・副菜に「果物」「乳製品」を加えた５つのカテゴリーの食品を摂ることで、必要な栄養素を摂ることができる。

弁当箱の容量≒エネルギー量
例：700 ml容量の弁当箱→約700 kcal

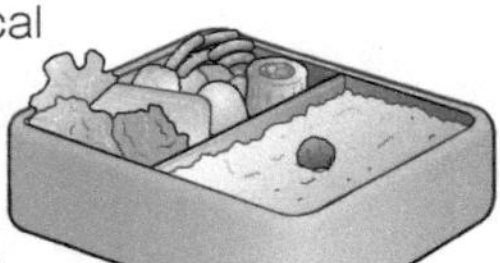

栄養バランスの良い弁当
　主食：主菜：副菜＝３：１：２

・主食　ご飯、麺類、パン（炭水化物）
・主菜　肉、魚介、卵など（たんぱく質、脂質）
・副菜　野菜、海藻類（ビタミン、ミネラル）

これに「果物」と「乳製品」を加える

図1-5　弁当箱を用いた量とバランスの調整

主食：主菜：副菜の比率は３：１：２が栄養素のバランスから見て望ましい。この比率で食品を弁当箱に詰めると、弁当箱の容量（ml）がおよそのエネルギー量（kcal）になる（図１－５）。７００mlの弁当箱なら約７００kcal、１０００mlの弁当箱なら約１０００kcalである。もちろんこれは目安で、主菜や副菜が脂肪の多いものだと容量のわりにエネルギー量は増える。

図１－６の上は、ご飯と鶏の唐揚げという主食と主菜だけの食事を摂ったときに、標準的な成人男子の１食に必要な栄養成分がどのくらい摂れるかを示している。エネルギー、たんぱく質、脂質、それに炭水化物はそれなりに摂れているともいえるが、カルシウムから右側のミネラルとビタミン類は少ない。図１－６の下は、この食事に副菜の五目ひじきとほうれん草のお浸し、果物のオレンジ、乳製品の牛乳を加えたもので、大きく改善されているのが分かる。このように、５つの食品カテゴリーを揃えることには意味がある。

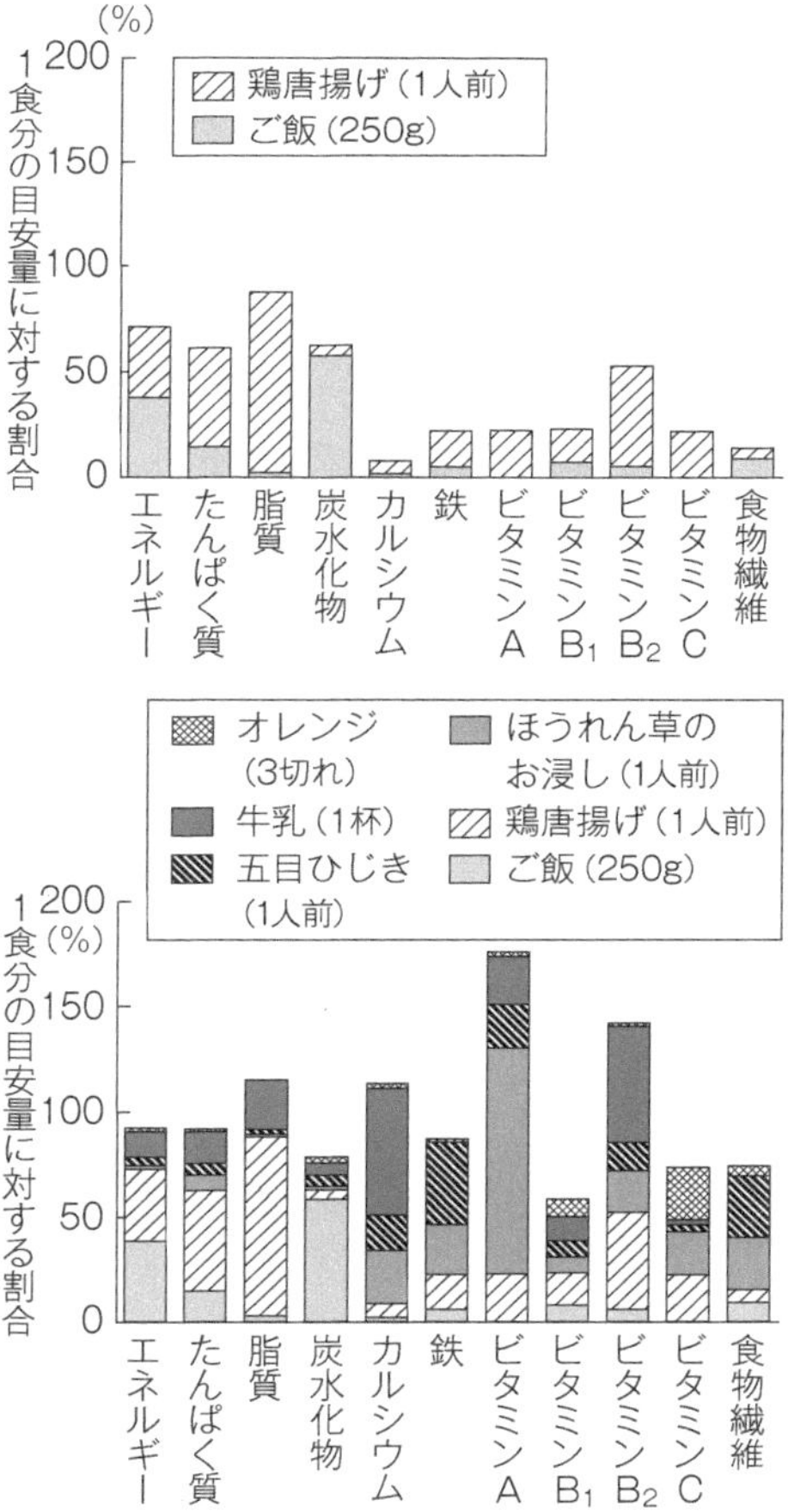

図1-6　主食、主菜、副菜、果物、乳製品を揃えることで栄養バランスが良くなる。1日のエネルギー消費量が2,500kcalの場合（資料提供：国立スポーツ科学センター・スポーツ科学部・栄養グループ）

意外に悪くない朝食

図1－7と図1－8は、一人暮らしの大学生の朝食を我々の研究室で改善した例である。学生がよく食べていたのは「トースト1枚とコーヒー」（図1－7上）と「茶碗1杯のご飯と納豆1パック」（図1－8上）である。しかし、これらの食事は栄養学的に見て望ましいとはいえない。

改善後のものが、それぞれの図の下にある。管理栄養士の大学院生が改善するにあたって、私が条件を付けた。①可能な限り調理はしない、②包丁やまな板は使わない、③近くでいつでも安く手に入る食材を利用すること、である。

なぜこういう条件を付けたかというと、普通の人は朝食に大きな手間や時間をかけることができないからである。栄養士は献立に理想を求めがちだが、現実には簡単にできるものでないと、普通の人は続けられない。

改善の結果、パンの朝食では6枚切りの食パンのトーストを3枚に増やし、ゆで卵・牛乳・柑橘類のジュース・バナナを加えた。ご飯の朝食ではご飯の量を1・5倍にし、生卵・牛乳・柑橘類のジュースを加えると、十分な栄養成分を含んだものになった。

信じられないかもしれないが、これらの改善後の食事は、ご飯・みそ汁・焼き魚・目玉焼き・

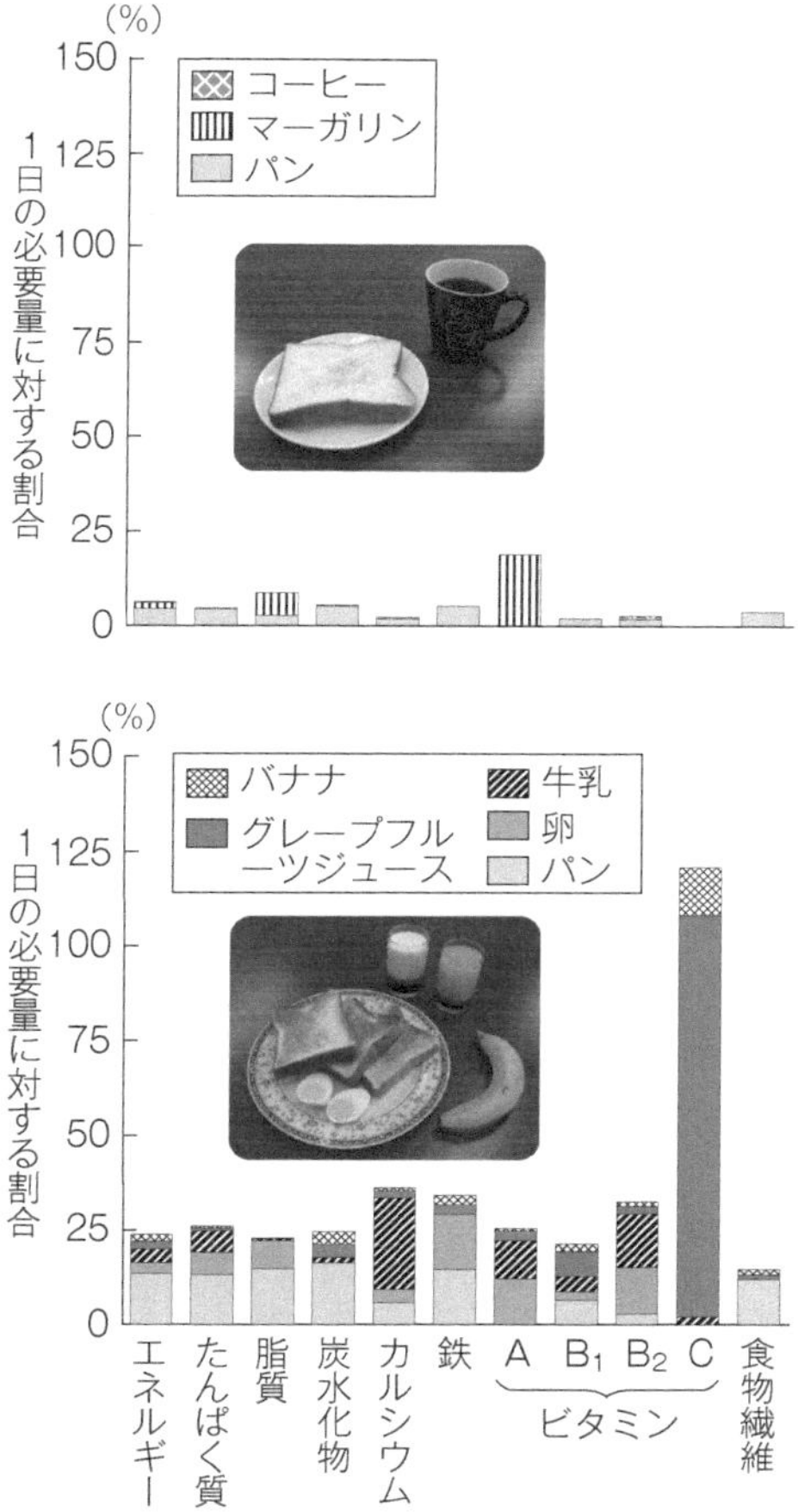

図1-7　パンを主食とした場合の改善前後の食事から摂れる栄養成分の1日の必要量に対する割合。1日の必要エネルギーが3,500kcalの平均的な成人男子スポーツ選手の場合

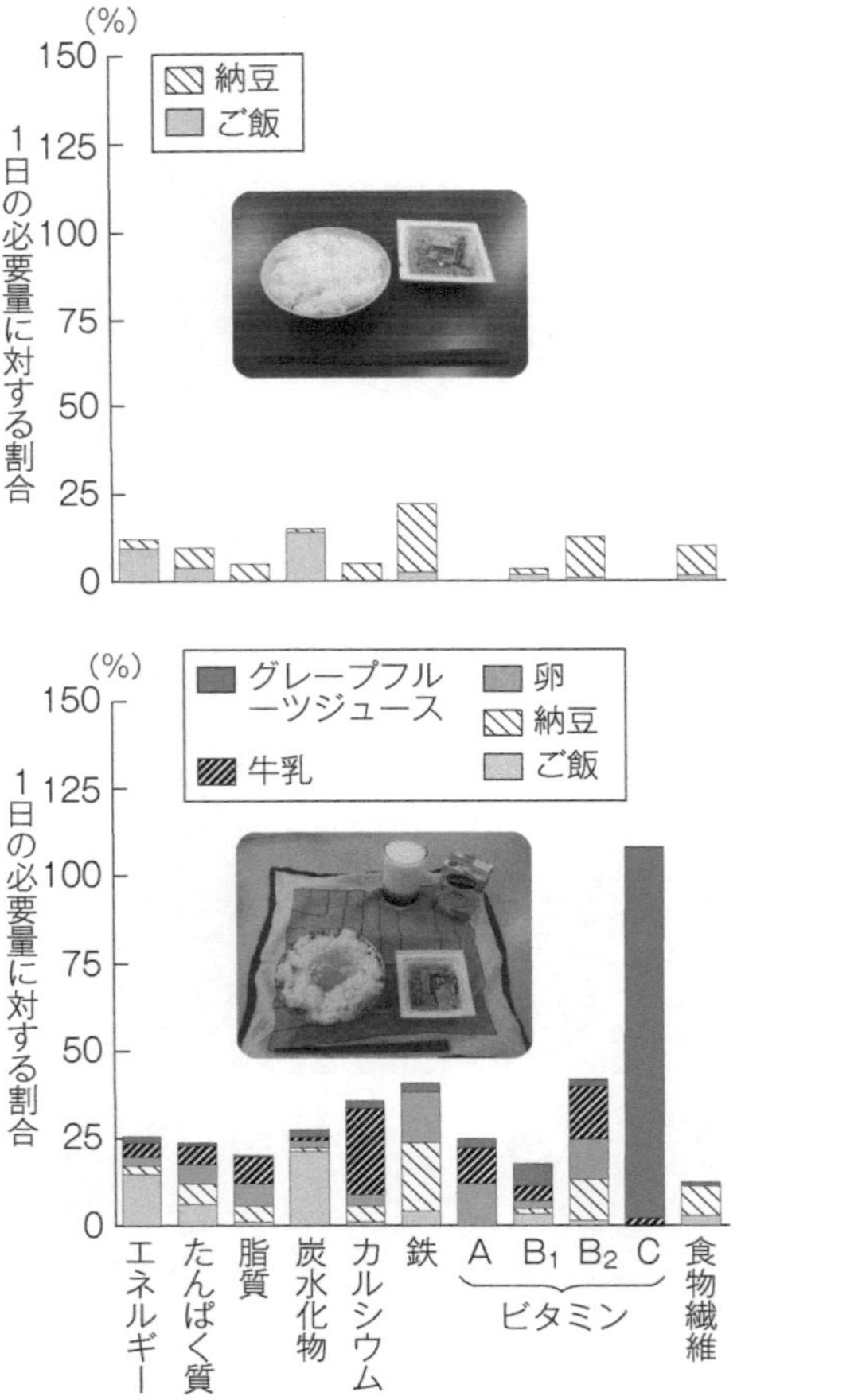

図1-8　ご飯を主食とした場合の改善前後の食事から摂れる栄養成分の1日の必要量に対する割合。1日の必要エネルギーが3,500kcalの平均的な成人男子スポーツ選手の場合

				朝食必要量*
エネルギー(kcal)	929	891	845	875
たんぱく質(g)	37.3	30.6	33.4	32.8
脂　質(g)	27.2	19.4	22.1	24.3
炭水化物(g)	133.2	144.5	130.8	131.3
カルシウム(mg)	486	319	329	225
鉄(mg)	5.1	3.2	2.6	1.9
ビタミンA(μgRE)	1522	186	190	188
ビタミンB_1(mg)	0.41	0.33	0.40	0.47
ビタミンB_2(mg)	0.88	0.89	0.71	0.53
ビタミンC(mg)	109	108	121	25
食物繊維(g)	12.2	4.3	5.1	8.8

*朝食必要量は1日の必要エネルギーが3,500kcalの平均的な成人男子スポーツ選手の場合

表1-1　改善後の食事の栄養成分の比較

小鉢・サラダ・果物・牛乳からなる朝食と栄養面でほとんど同等なのである(表1-1)。卵・乳製品・果物を主食に組み合わせることに、大きな意味のあることが分かる。パンの朝食での改善後のものは、洋食の朝の定番「コンチネンタルスタイル」である。

パンの朝食ではバナナを加える代わりに、パンを4枚に増やしてもいいんじゃないかと私が尋ねたら、考案した大学院生たちは「食パンには食塩が含まれているのでバナナにしました」と説明した。アスリートは発汗も多いので、食塩の摂り過ぎなどほとんど考えない。しかし、健康のためにスポーツ

や運動をしている人にとっては、食塩のことを考えたほうが良い場合もあるかもしれない。学生たちは広い視野で考えていたのだと、感心させられた。

主食から摂れる栄養成分にも注目してほしい。ご飯やパンといった主食は、炭水化物以外の栄養成分をほとんど含んでいないと思われているかもしれない。しかし、それは正しくない。たとえば、改善後の食事のたんぱく質の3分の1から半分は主食によるものである。主食は、そのほかにも種々の栄養成分の供給源であることも分かる。パンやご飯の量が少な過ぎると、ほかの食品を組み合わせても調整できない。主食は十分な量を摂ることが大切である。

料理の品数を増やさなければ栄養バランスが悪くなるのではないかと、不安に思っている人は多い。しかし、必ずしもそうではないことを、この調製法は示している。夕食と違い、一般に朝食は毎日、同じようなものを食べる。大切なことは、料理はできないという人でも継続しやすいということである。少しバラエティを持たせたいなら、ゆで卵を目玉焼きやスクランブルエッグ、オムレツにすれば良い。

これを考案した大学院生がぼそっと「意外に悪くない……」と言ったのが気に入ったことと、簡単なわりに大方の予想に反して栄養面で問題がないので、この食事を我々は「意外に悪くない朝食」と呼んでいる。この食事は主食の量を少し減らすことで、エネルギー必要量の少ない高齢者も利用できる（井上ら）。

第2章 「食事」で運動の効果は変わるのか？

運動の効果・トレーニングの効果

ジム運動を継続して「効果があった」と感じるのは「筋肉がついた」「痩せた」「体力がついた」などというときだろう。

スポーツ科学の視点で見ると、運動の効果は、身体組成の変化に関わる効果や、運動能力の向上に関わる効果などに分類できる。身体組成の変化とは、体脂肪の減少、筋肉の肥大などである。運動能力の向上とは、筋力の増大、長時間の運動でも疲れにくくなること、最大酸素摂取量の増大などである。これらは、運動・トレーニングを、継続してある程度の期間おこなった場合に起きる体の変化といえる。

運動における栄養・食事の役割は、毎回の運動やトレーニングを終わりまできちんとおこなえるようにしたり、運動による筋肉合成への刺激に対して材料となる栄養素を供給したりすることである。そのため、栄養・食事は運動の効果に大きく影響する。

水分補給

運動すると体温が上昇する。筋肉でのエネルギー消費が高まるときに熱生産も高まるからであ

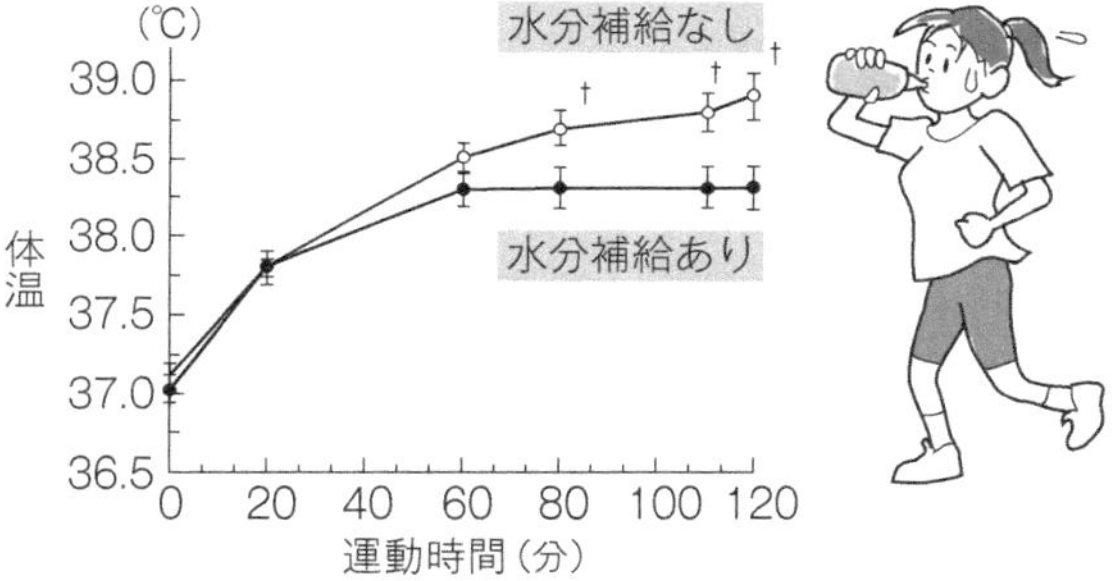

図2-1　水分補給で運動中の体温上昇が抑制される。†水分補給なしの60分と水分補給ありの対応する時間に対して有意差がある。Hamilton MT ら 1991

る。自動車のエンジンの温度が上昇するのと同様の理由による。

体温が上昇し過ぎると運動できなくなってしまう。体温が上昇し過ぎないようにするための体の仕組みが発汗である。発汗が続いているのに水分補給をしなければ、体の水分が不足してしまう。

図2-1は、運動中の水分補給が体温にどう影響するかを示したものである。この実験によると、運動中に水分補給をすると体温の上昇が抑えられることが分かる。トレーニング中に水分を補給することは、体温が上昇し過ぎないようにする効果があり、トレーニング効果を高めるのにも役立つといえる。

水分補給には塩分を摂ることが重要な役割を果たす。このことについては第6章で詳しく述べる。

エネルギー補給

「エネルギー」という単語は広い意味を持つが、スポーツ栄養学で重要なエネルギー源は血中のブドウ糖（グルコース）と筋肉や肝臓のグリコーゲン（エネルギー源として体に保存されている炭水化物）のことである。血中のブドウ糖濃度は血糖値ともいう。運動のための主要なエネルギー源は炭水化物と脂肪だが、脂肪が簡単にはなくならないほど体内に貯蔵されているのに対して、炭水化物の貯蔵量は少ない。

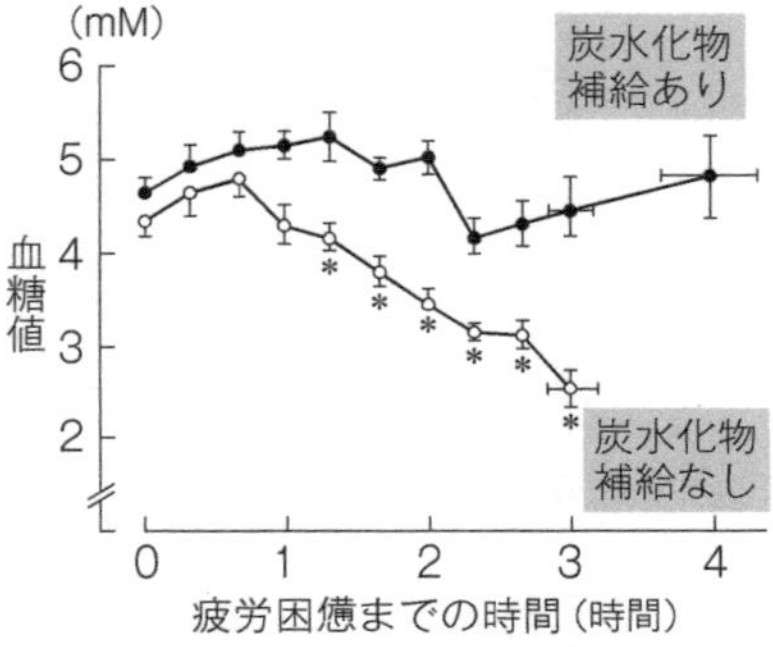

図2-2　炭水化物あるいは偽薬を20分ごとに摂取したときの血糖値の変化。＊炭水化物補給ありと有意差がある。Coyle EF ら 1986

脳は血中ブドウ糖をほとんど唯一のエネルギー源としている。また、脂肪がエネルギー源として利用されるためには炭水化物が必要である。この2点はとても重要である。

図2－2は、運動中の炭水化物の補給が疲労にどう影響するかを調べたものである。炭水化物を運動中に補給しないと血糖値が低下して、3時間で運動ができなくなっている。これに対し

て、炭水化物を補給すると血糖値の低下が防止されて4時間まで運動できている。

図2－3は、運動前の筋肉グリコーゲン量が疲労にどう影響するかを調べたものである。図では、運動前の筋肉グリコーゲン量が多いほど疲労困憊までの運動時間が長いことが示されている。

この実験では、運動前の食事組成を変えることによって筋肉グリコーゲン量を変化させている。グリコーゲンは体内での炭水化物の貯蔵形態なので、運動前に炭水化物の多い食事を摂ると増える。これに対して、炭水化物の少ない食事を摂った場合は筋肉グリコーゲンが少ない。

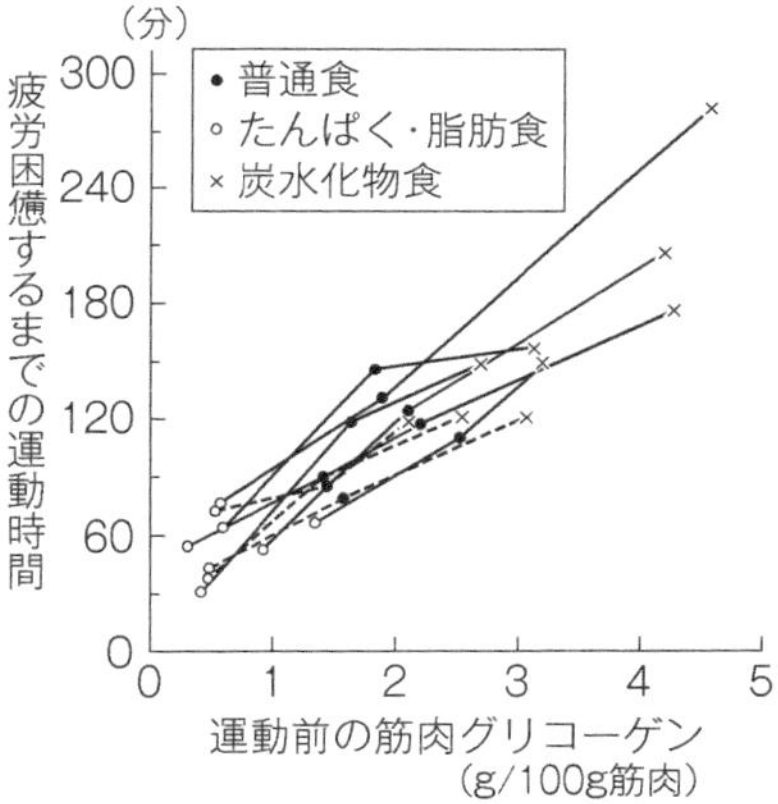

図2-3　運動前の筋肉グリコーゲン量が多いと疲労困憊するまでの時間が延長する。Bergstrom ら 1967

図2－4は、30kmのランニング前の筋肉グリコーゲン量とランニングの記録の関係を示している。このグラフの横軸はスタートからゴールまでの、タイムを測定した地点を示している。縦軸はランニング前の筋肉1kg中のグリコーゲンが3・5gだった場合にくらべて1・7gだ

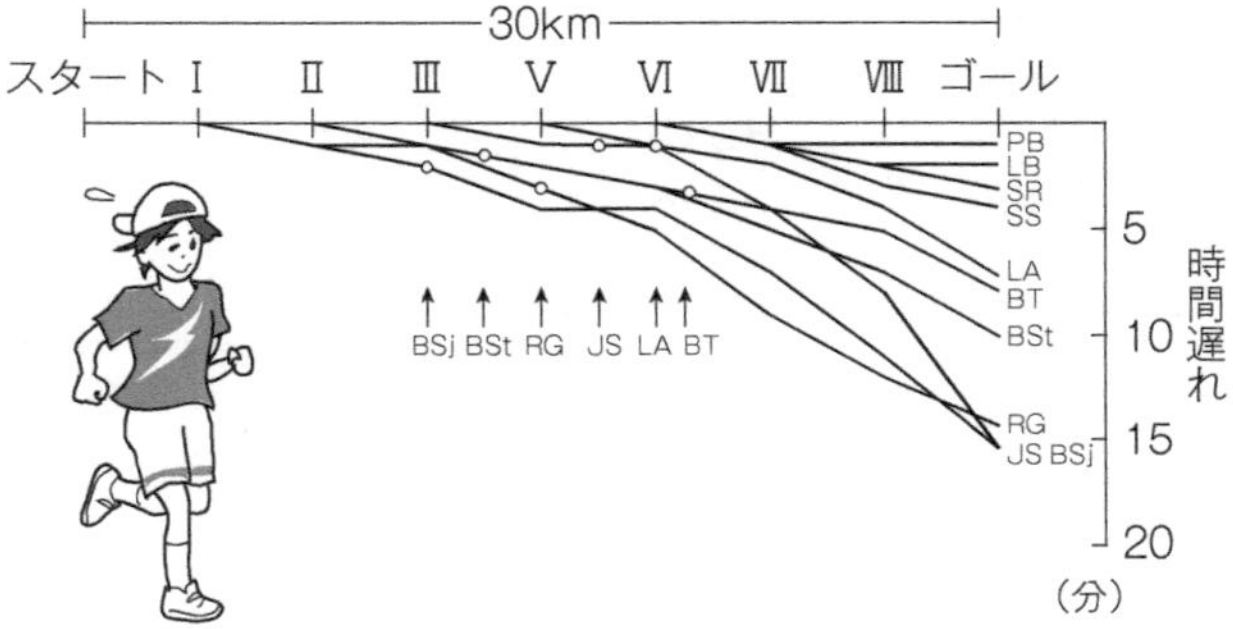

図2-4　運動前の筋肉1kg中のグリコーゲンが3.5gだった場合と1.7gだった場合の30kmランニングのタイム差。1.7gの場合に途中からタイムが悪くなっている。Karlsson ら 1971

った場合に、どのくらいタイムが遅くなったかを示しており、途中から記録が悪くなっている。このことから、運動前の筋肉グリコーゲンが多いと、運動の後半にも強度の高い運動を維持できたことが分かる。毎日のトレーニングでもグリコーゲンを補充してからおこなったほうが、トレーニング後半もきちんとトレーニングメニューをこなせることになる。

筋肉グリコーゲンは日常のトレーニングでかなり減少する。トレーニング後に、高炭水化物食で炭水化物を十分に摂ると翌日のトレーニングまでに回復した（図2-5）。一方、炭水化物の少ない食事では回復せず徐々に減少し、3日目のトレーニング前の筋肉グリコーゲンは1日目のトレーニング後よりも少ない。そして、低炭水化物食の人たちのほとんどは、3日目のトレーニングを終わりまでできなかった。

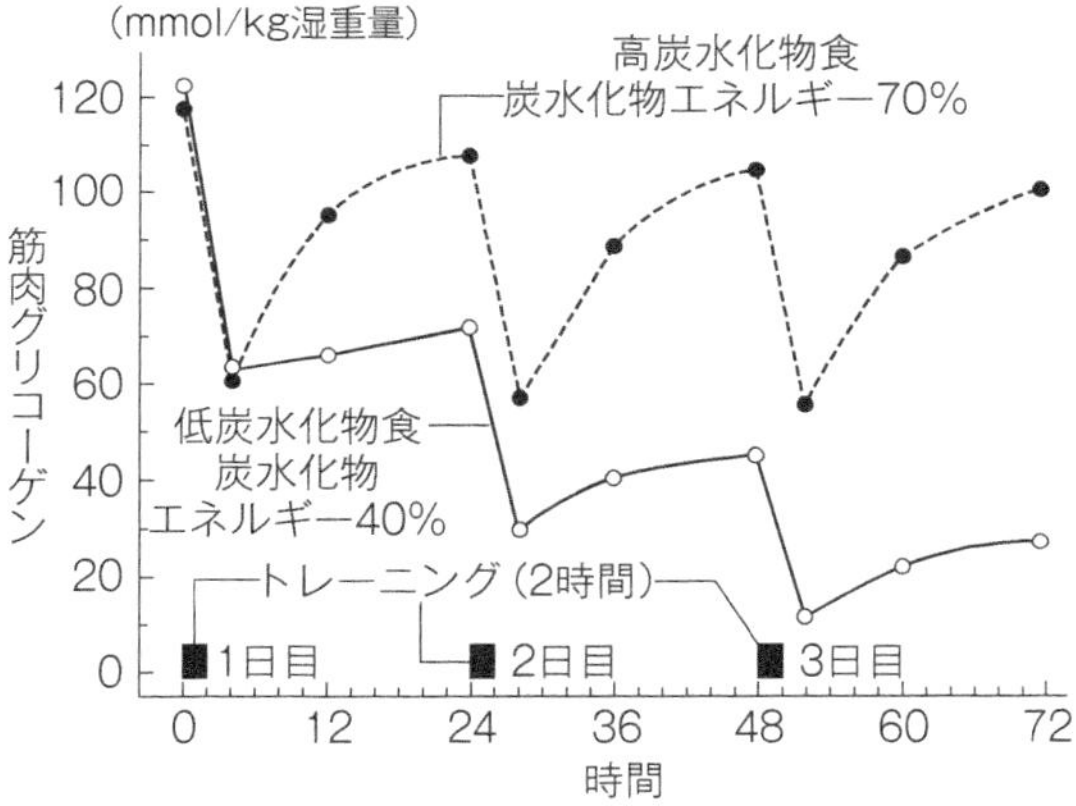

図2-5　トレーニングで筋肉グリコーゲンは減少し、回復には炭水化物を摂取することが重要。Costill 1980

このように、トレーニング中に血中のブドウ糖や筋肉などのグリコーゲンが不足しないようにすることは、トレーニング効果を高めるのに役立つといえる。

ここでの高炭水化物食とは、ご飯（米）を主食とする伝統的な日本食のような食事である。一方、低炭水化物食とは、主食をあまり食べないで、肉や魚などの主菜と野菜や海藻、きのこなどの副菜、いわゆる「おかず」をしっかり食べる食事に相当する。肉と野菜はしっかり食べても主食を食べないような食事は、炭水化物の少ない食事（たんぱく質・脂肪の多い食事）になってしまう。

ご飯はあまり食べないで肉と野菜をしっかり食べるのが、スポーツ選手にとって良い食事のように思っている人もいるが、そうではないことがこ

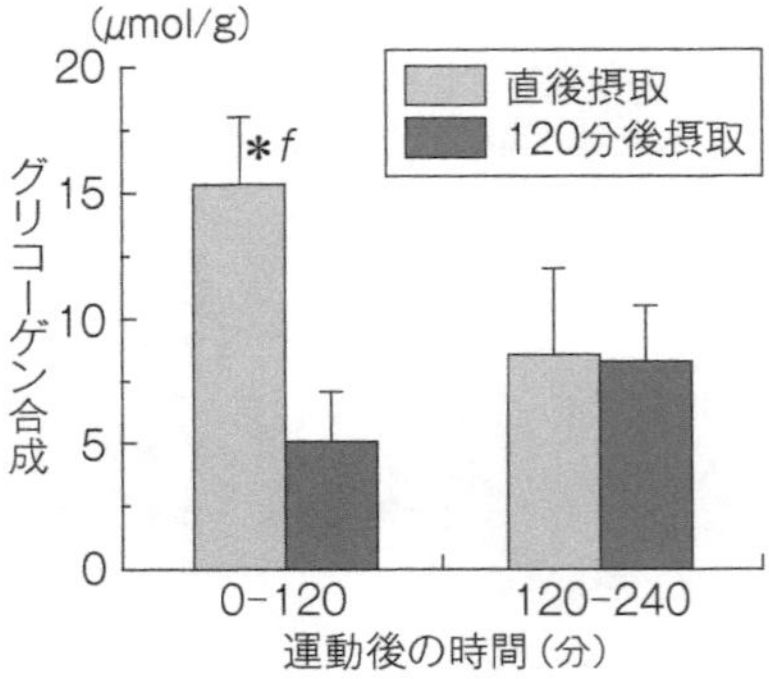

図2-6　運動後の筋肉グリコーゲン回復は運動後早めの炭水化物補給がより効果的。Ivy ら1988

れらの実験結果から分かる。

スポーツ選手のトレーニングと一般人のジム運動は目的が同じとはいえないが、「ご飯（米）を減らして運動をする」ことがトレーニング効果を高めないことは同じである。

運動後の栄養補給のタイミング

食事による運動効果を考える上で、運動後の栄養補給は大事である。運動後に必要な栄養は、運動で失ったものの回復と、トレーニング効果を身につけるために必要なものといえる。

運動で失ったものとしては、発汗による水分、エネルギー源として消費された筋肉などのグリコーゲンがある。トレーニング効果を身につけるために必要なものには、筋肉の修復や肥大のためのたんぱく質がある。

これらのうち、グリコーゲン回復のための炭水化物と、筋肉合成のためのたんぱく質は、運動

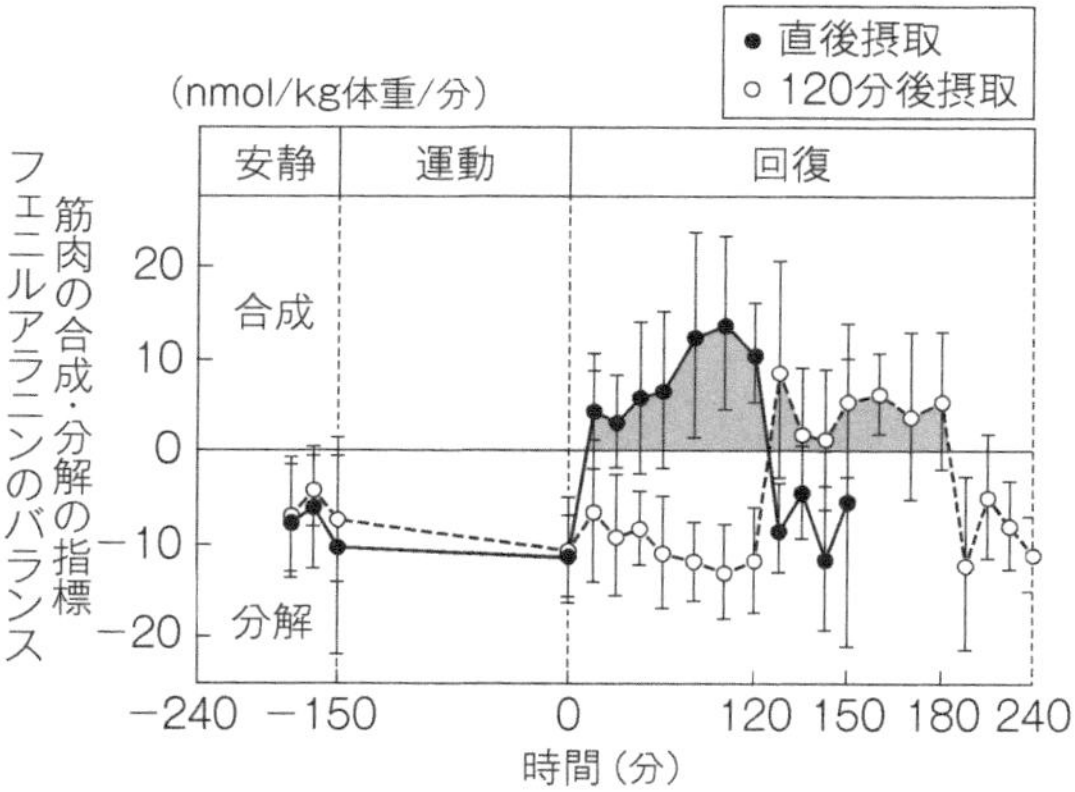

図2-7　運動後の栄養補給開始タイミングと筋肉の合成・分解。平均と標準偏差。Okamura K ら 1997

後の摂取タイミングによって栄養効果が異なる。

図２－６は、運動後の炭水化物の摂取タイミングと筋肉グリコーゲンの回復の関係を示している。うすい灰色の棒グラフで示された人たち（直後摂取）は、炭水化物を運動直後に摂取したのに対して、黒い棒グラフで示された人たちは運動１２０分後に摂取した（１２０分後摂取）。摂取した炭水化物の量は両グループで等しい。左側が運動直後（０分）から１２０分後までの回復、右側は１２０分から２４０分までの回復を示している。摂取後１２０分間の回復量は、直後摂取が１２０分後摂取の３倍程度である。運動後２４０分までの回復量においても、それぞれの棒グラフの合計で分かるように直後摂取で多い。このように、同じ量の炭水化物を摂取した場合、運動後早

めに摂取したほうが回復に効果的である。

同様のことが筋肉合成にもいえる。図２－７は、運動後の栄養補給タイミングの筋肉たんぱく質合成に対する影響を調べた実験結果である。グラフの縦軸のフェニルアラニンのバランスは筋肉の合成・分解を示しており、正の値は合成、負の値は分解を示す。運動中は負の値なので筋肉は分解している。

運動直後から栄養補給を開始するとバランスは正になり、筋肉たんぱく質が合成状態に転じている。これに対して、運動後１２０分から栄養補給を始めた場合は１２０分までは分解状態が続き、１２０分後以降に合成に転じている。このグラフでは折れ線グラフの正の値の部分の面積が、合成された筋肉たんぱく質の量を示している。合成された量は、運動直後から栄養補給された場合が、１２０分後から補給された場合よりも多い。

これは運動の筋肉合成という効果が、栄養・食事の摂取タイミングによって異なることを示している。スポーツ界では、トレーニング後の栄養補給・食事は早めが良いとされているが、それはこうした研究結果に基づいている。

第3章 栄養素の基礎知識

栄養素とは何か

「栄養」とは、生物が成長・生存するために必要な成分を採り入れ、体内で利用することをいう。採り入れる成分が栄養素で、たんぱく質、炭水化物、脂質、ビタミン、そしてミネラルを五大栄養素という（表3－1）。これらのほか、運動する場合には水も特に大切である。

栄養素の役割は自動車の構成部品にたとえると分かりやすい。

①たんぱく質は体の構成成分なので、車体の材料

②炭水化物と脂質はエネルギー源なので、燃料

③ビタミンは体の構成成分にもエネルギー源にもならず必要量も少ないが、なくてはならないので、エンジンオイル

④ミネラルはビタミンと同様に必要量は少なくエネルギー源にもならないが、体の構成成分になるものもあるので、エンジンオイルと車体

⑤水は不足すると体温が上昇しやすくなり熱中症の危険が高まるので、エンジンの冷却水

・たんぱく質	車体
・炭水化物（糖質）	燃料
・脂質（脂肪）	燃料
・ビタミン	エンジンオイル
・ミネラル	エンジンオイル及び車体
・水	エンジンの冷却水

表3-1　栄養素の役割を自動車の構成部品にたとえると……

このたとえから分かるように、栄養素は体の構成成分になることとエネルギーを作ることの、どちらかに関わっている。

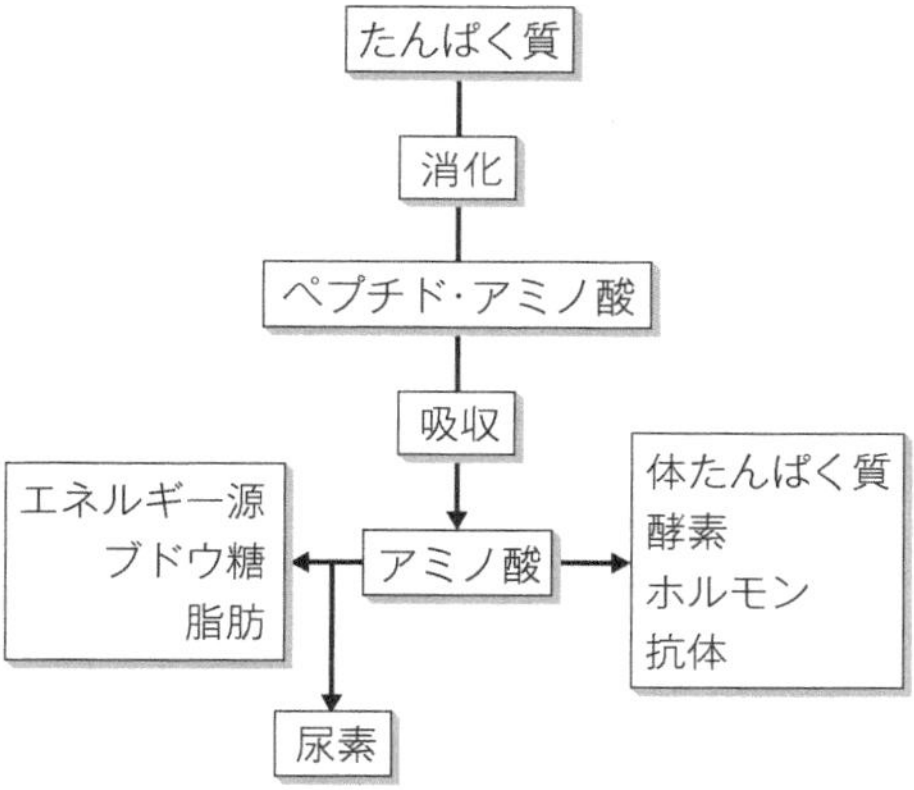

図3-1　体内でのたんぱく質代謝の概要

栄養素の種類と役割

（1）たんぱく質

たんぱく質の主要な供給源は、第1章の「生活に採り入れやすい栄養学を」で赤色に分類される食品である。肉、魚、卵、大豆、牛乳などに多く含まれている。

たんぱく質は体内で、図3－1のように代謝・利用される。食品中のたんぱく質は、基本的には構成成分のアミノ酸に消化されてから吸収される。栄養学では、食品中の成分が消化管で吸収可能な大きさにまで分解されることを消化という。そして、基本的には消化管から血液中に入ることを吸収という。

たんぱく質の消化過程で生じる、結合しているアミノ酸の数が少ないものをペプチドという。ジペプチドやトリペプチドの中には、それぞれを構成するアミノ酸よりも吸収されやすいものがある。ラテン語で「ジ」は「２」、「トリ」は「３」を意味するので、ジペプチドは２つ、トリペプチドは３つのアミノ酸が結合している。

吸収されたアミノ酸は、筋肉や内臓のたんぱく質のほか、酵素やホルモン、抗体の材料として利用される。筋肉合成や体たんぱく質合成といわれるのは、吸収したアミノ酸を材料として、決まった順番に決まった数だけつなぎ合わせるからである。第７章で述べるように、体たんぱく質の合成には20種類のアミノ酸が材料として利用される。

体内にはアミノ酸をエネルギー源として消費したり、ブドウ糖や脂肪に変換したりする代謝経路もある。たんぱく質はエネルギー源としては１ｇあたり４kcalである。絶食が長時間になってブドウ糖が不足すると、筋肉や内臓のたんぱく質が分解され、生じたアミノ酸からブドウ糖が合成される。これを「糖新生」という。体内のグリコーゲンが少ないなど、炭水化物が不足した状態で運動すると、汗への尿素窒素の排泄が増える（図３－２）。これは、糖新生のために体たんぱく質の分解が増えたことを意味している。

「たんぱく質は食べても太らない」と考えている人もいる。これは正しいのだろうか。

第7章で詳しく説明するが、体たんぱく質の合成に利用可能なたんぱく質の量には上限がある。上限を超えて摂取したたんぱく質はエネルギー源として消費されたり、脂肪に変換されて蓄積したりする。また、たんぱく質がエネルギー源として利用されると、炭水化物や脂肪が利用されないで余り、結果的に体脂肪として蓄積することになる。このように、たんぱく質は食べても太ることはないというのは正しくない。

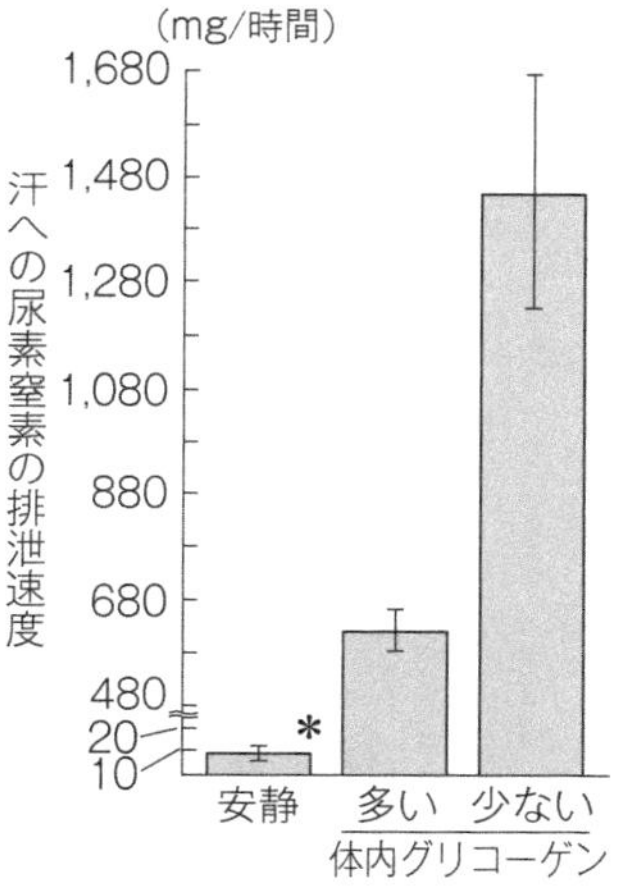

図3-2　体内のグリコーゲンが少ないと糖新生のために体たんぱく質の分解が増える。Lemon PW ら 1980

（2）炭水化物

炭水化物は黄色に分類される食品に豊富に含まれる。主食の米や小麦からできている食品に多い。

食物成分としての炭水化物は糖質と食物繊維の合計として示される。

食物繊維の代表は野菜や果物の細胞壁を構成しているセルロースで、人の消化酵素で分解されないため吸収されない。

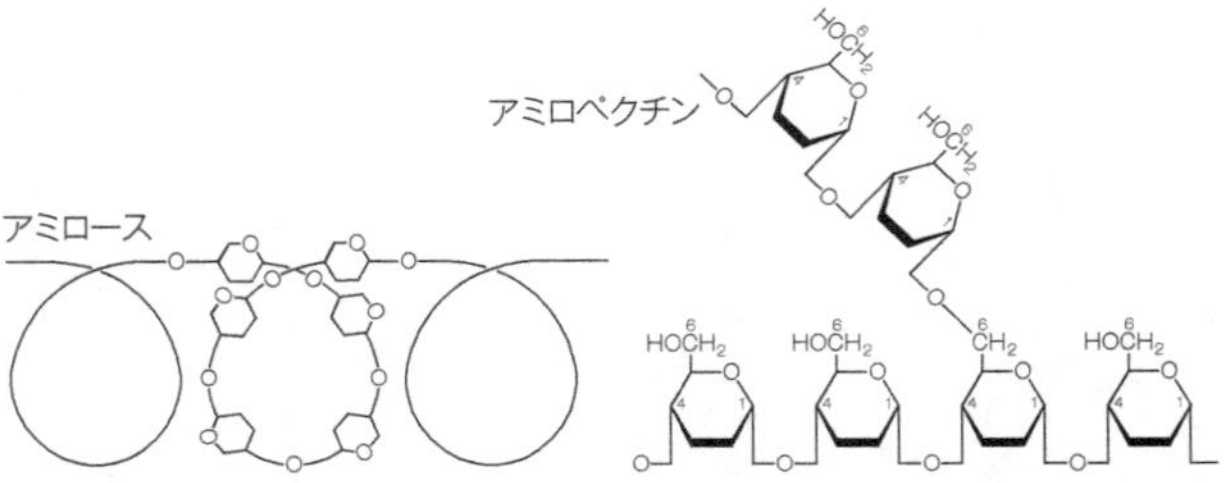

図3-3　でんぷんの構造

吸収されないものは排泄されなければならないので、食物繊維は便秘の予防や改善に役立つ。

糖質はエネルギー源となるもので、基本的に甘い。食品中の糖質は単糖類（ブドウ糖や果糖など）、二糖類（砂糖、乳糖、麦芽糖など）、多糖類（でんぷん）に分類される。二糖類や多糖類は単糖類に分解（消化）されてから吸収される。

砂糖はブドウ糖と果糖、乳糖はブドウ糖とガラクトース、麦芽糖は2つのブドウ糖が結合している。

でんぷんはブドウ糖が数多く結合している。図3－3はでんぷんの構造で、構成単位のブドウ糖が六角形で示されている。アミロースとアミロペクチンがあり、一直線に結合して螺旋状になっているものをアミロースという。一方、図3－4のグリコーゲンのように、結合の途中に多くの枝分かれがあるものをアミロペクチンという。米には通常の食事で食べるうるち米ともち米がある。この2種類の米はアミロースとアミロペクチンの割合が異なる。枝分かれの

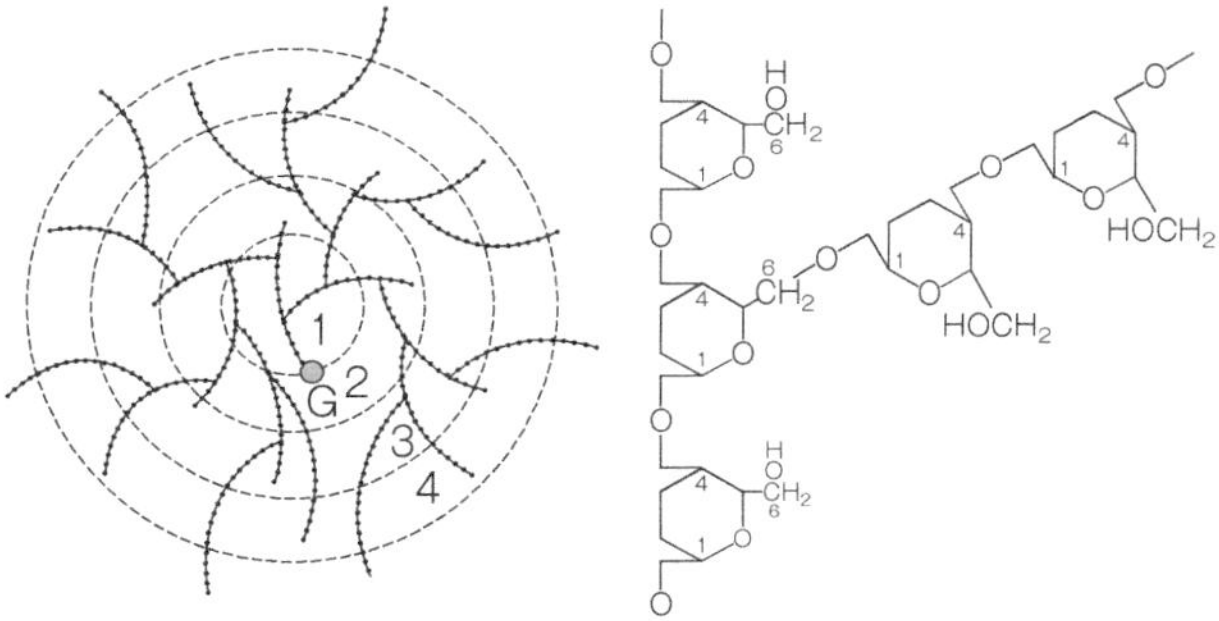

図3-4　グリコーゲンの構造。アミロペクチンのように枝分かれ結合がある

多いアミロペクチンのほうがからまりやすく、粘り気として感じられる。もち米のでんぷんはほとんどがアミロペクチンであり、うるち米も粘り気の強いものはアミロペクチンの割合が高い。でんぷんの消化過程で生ずる、ブドウ糖の結合数の少ないものをデキストリンという。デキストリンのほうがでんぷんよりも、一つひとつのブドウ糖に分解されやすいので吸収されやすい。

果糖もガラクトースも、吸収後は体内でほとんどがブドウ糖に変換される。

日常的に最も多く摂取している糖質はでんぷんだが、でんぷんは甘くない。本書では甘いもの以外は糖質ではないという誤解を避けるために、炭水化物という表現を用いている。

炭水化物の主な役割はエネルギー源である。1gで4kcalのエネルギーを生産する。体内では筋肉や肝臓にグリコーゲンという形で蓄えられる。グリコーゲンは図3－4のように、ブドウ糖が枝分かれをしながら数多く結合している。

グリコーゲンは運動をするとエネルギー源として消費されるので、運動後には回復する必要がある。回復過程では、摂取した炭水化物がブドウ糖に分解されてから吸収され、それが筋肉や肝臓で再び結合してグリコーゲンになる。このため、グリコーゲン合成といわれる。

（3）脂質

脂質とは水に溶けずエーテルなどの有機溶媒に溶ける物質のことをいう。食品や体内の脂質には中性脂肪（トリグリセリドとかトリアシルグリセロールともいう）、コレステロール、リン脂質などがある。

中性脂肪は食品に含まれる脂肪や体脂肪として体内に貯蔵されているもので、エネルギー源として重要である。脂肪は1gあたり9kcalで、炭水化物やたんぱく質の2倍以上のエネルギーを生産することができる。中性脂肪を模式的に表したのが図3－5である。図の左端のアルファベットの大文字の「E」のように書かれている部分はグリセロールで、その右側の3本のギザギザの線が後述する脂肪酸である。中性脂肪はグリセロールに3つの脂肪酸が結合してできている。

コレステロールは少ないほど良いと思われているかもしれないがそうではない。コレステロールには次のような重要な役割がある。①男性ホルモン、女性ホルモン、副腎皮質ホルモンなどのステロイドホルモンの材料、②脂肪の消化・吸収に必須の胆汁酸の材料、③ビタミンDの材料などである。リン脂質とコレステロールは細胞膜の構成成分でもある。

脂質も摂取量が少なければ少ないほど良いわけではない。脂肪を構成する脂肪酸の中には、必須脂肪酸と呼ばれるものがあり、これは必ず摂取しなければならない。リノール酸とα－リノレン酸がそれである。また、後述の脂溶性ビタミンの吸収にも脂肪が必要である。

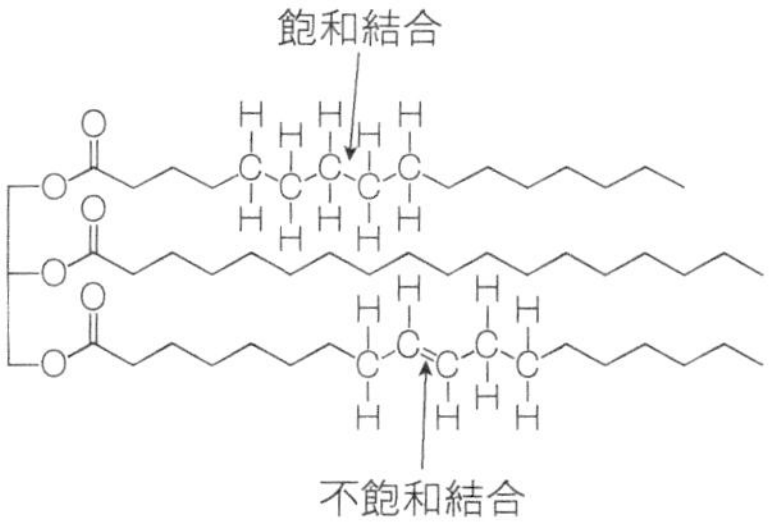

図3-5　飽和脂肪酸と不飽和脂肪酸

最近は飽和脂肪酸や不飽和脂肪酸などという言葉も知られるようになった。これについても簡単に説明しておく。

脂肪には液体のものと固体のものがある。固体の脂肪でも温めると液体になる。すなわち、脂肪には固まりやすいものと固まりにくいものがある。

脂肪が固まりやすいか固まりにくいかは、構成している脂肪酸の種類による。

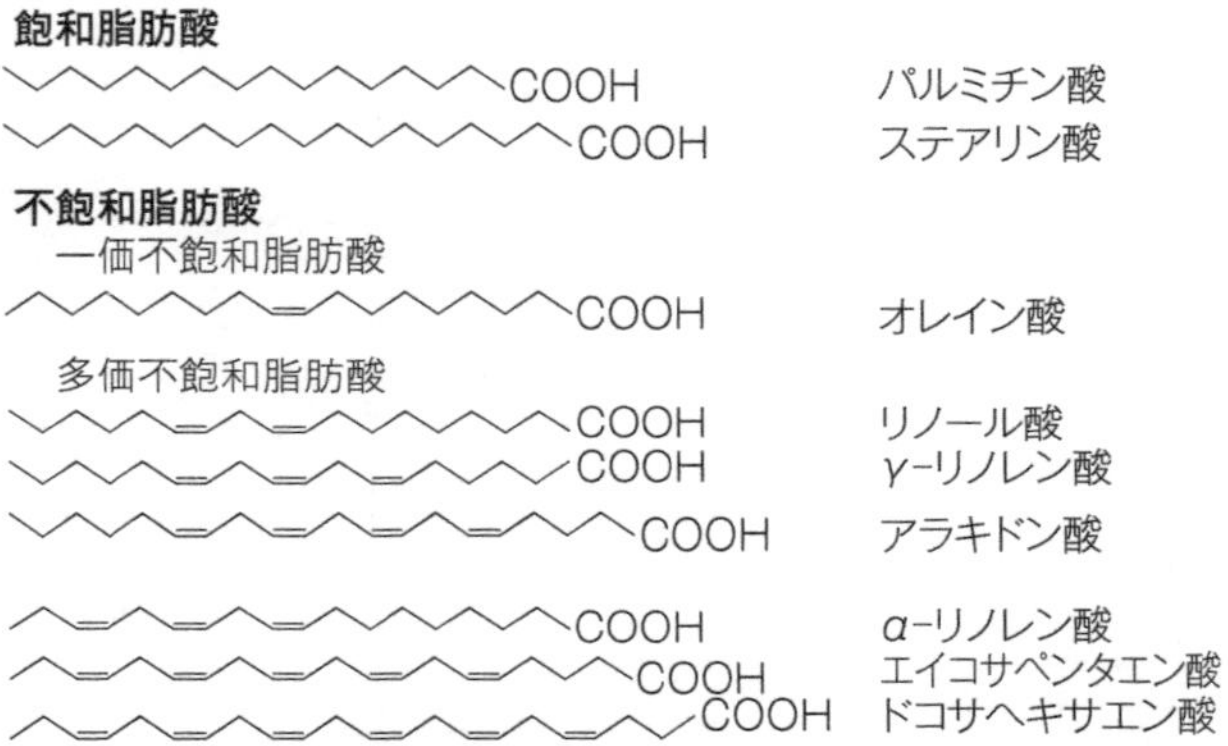

図3-6　食品中の代表的な脂肪酸

図３－６は食品中の代表的な脂肪酸を模式的に表したものである。ギザギザの線の折れ曲がっている部分には炭素（Ｃ）がある。脂肪酸は炭素が結合してできていて、その炭素には水素（Ｈ）などが結合している。脂肪は結合している炭素の数が多いほど固まりやすい。

しかし、炭素の数が多くても炭素の結合の仕方によって固まりにくい脂肪酸もある。

図３－６で、炭素の上下に水素が結合していると炭素同士は１本の線で結合しており、これを飽和結合という。水素で上下が飽和されているという意味である。一方、水素が１つしか結合していない炭素同士は２本の線で結合しており、これを不飽和結合という。水素で上下が飽和されていないという意味である。飽和結合と不飽和結合の部分の炭素と水素の関係は図３－５に示されている。

飽和結合だけでできている脂肪酸を飽和脂肪酸、不飽和結合を持つ脂肪酸を不飽和脂肪酸という。不飽和脂肪酸は不飽和結合の数によって、不飽和結合が１ヵ所のものを一価不飽和脂肪酸、２ヵ所以上持つものを多価不飽和脂肪酸という。結合している炭素数が多くても不飽和結合が多いと固まりにくくなる。

動物性脂肪には多価不飽和脂肪酸が少ないのに対して、植物油や魚油には多価不飽和脂肪酸が多い。植物油の多価不飽和脂肪酸を少なくして、適度に固まりやすくしたのがマーガリンである。

（４）ビタミン

ビタミンはたんぱく質、炭水化物、脂質の代謝に関わるが、エネルギー源になったり体の構成成分になったりはしない。必要量は非常に少なく、１日あたりの必要量の単位はマイクログラム（１マイクログラムは１００万分の１ｇ）からミリグラム（１㎎は１０００分の１ｇ）である。しかし、必要量を体内で合成することができないので摂取しなければならない。

エネルギー生産や体たんぱく合成などの代謝経路は、多くの動物で共通しているが、必要なビタミンはすべての動物で同じではない。たとえば、ビタミンＣ（アスコルビン酸）はほとんどの

	役割	欠乏症	供給源
A（レチノール）	視覚機能、免疫能、上皮細胞の機能維持	成長障害、夜盲症、上皮細胞角化	乳製品、卵類、野菜類、レバー
D（カルシフェロール）	カルシウム代謝、骨形成	くる病、骨軟化症、骨粗鬆症	魚介類、きのこ類、日光にあたることで皮膚で合成される
E（トコフェロール）	抗酸化作用	新生児の溶血性貧血、神経・筋障害	植物油、種実類、卵類
K（フィロキノン、メナキノン）	血液凝固作用、骨形成	血液凝固遅延	葉菜類、植物油、豆類、藻類、魚介類、チーズ、納豆、腸内細菌が合成

表3-2　脂溶性ビタミンの役割、欠乏症、供給源

動物で必須の物質だが、多くの動物は体内で合成できるため摂取する必要はない。しかし、人はビタミンCを体内で合成できないので、食物から摂取しなければならない。

ビタミンには脂溶性のもの（表3－2）と水溶性のもの（表3－3）がある。脂溶性のものは体内に蓄積しやすいので欠乏しにくいが過剰になりやすいのに対して、水溶性のものは蓄積しにくいので欠乏しやすいが過剰にはなりにくい。栄養ドリンクやビタミン剤を飲んだ後の尿が黄色いのはビタミンが尿中に排泄されているためである。

ビタミンには、AやB_6のようにアルファベットと数字による名称のほかに、レチノールやピリドキシンのような物質名も持っているものがある。どちらで呼ばれていても同じものである。

	役割	欠乏症	供給源
B_1（チアミン）	炭水化物代謝	脚気	肉類（豚肉）、豆類、牛乳、緑黄色野菜など
B_2（リボフラビン）	炭水化物・脂質代謝	口角炎、口内炎、皮膚炎、舌炎	魚介類、肉類、藻類、乳類、きのこ類など
ナイアシン	炭水化物・脂質代謝	ペラグラ（皮膚炎、下痢、精神障害）	魚介類、豆類など
パントテン酸	炭水化物・脂質代謝	成長障害、皮膚炎、食欲不振	ほとんどの食品に含まれる。卵、乳製品、大豆、魚介類に特に多い
ビオチン	炭水化物・脂質代謝	腸内細菌が合成するため通常は見られない	レバー、豆類、卵黄など
B_6（ピリドキシン）	たんぱく質・アミノ酸代謝	皮膚炎。不足はまれ	魚介類、肉類、豆類など
葉酸	核酸代謝（造血作用）	巨赤芽球性貧血	レバー、緑黄色野菜、果物など
B_{12}（コバラミン）	核酸代謝（造血作用）	巨赤芽球性貧血	魚介類、肉類（内臓）など。植物性食品にはほとんど含まれていない
C（アスコルビン酸）	コラーゲン合成、抗酸化作用、鉄の吸収促進	壊血病	果実類、野菜類など

表3-3　水溶性ビタミンの役割、欠乏症、供給源

ビタミンの役割は表3－2と表3－3に示すようにさまざまである。不足すると関係する機能が低下したりするが、多く摂れば関係する機能がより高まるということはない。ビタミンには過剰に摂取すると健康上の問題を引き起こすものがある。通常の食品を食べていてビタミンが過剰になることは、まずないだろう。しかし、サプリメントなどで摂取する場合には摂り過ぎないように注意することも必要である。

ビタミンにはそれぞれに役割があるので、大切さに序列はない。ただし、不足しやすいものはある。ビタミンB_1がその代表だろう。そのため、多くの栄養ドリンクにはビタミンB_1が含まれている。

表3－2と表3－3には供給源として代表的な食品も示した。しかし、現実の食生活ではどの食品にどのビタミンが多いかを覚えるよりも、第1章で述べた「5つの食品カテゴリー」から食品を摂ることのほうが実用的である。

食品の肉類は動物の筋肉や内臓である。人も動物も共通の代謝経路を持っているので、人の筋肉の代謝に必要な物質は動物の筋肉に存在している。レバー（肝臓）は人でも動物でも物質代謝の中心臓器である。肝臓にビタミンが豊富なのは当然であることが分かるだろう。

ビタミンは化合物なので加熱すると分解してしまうものがある。この性質が、野菜は生で食べたほうが良いとする理由とされることがある。しかし、ビタミンは加熱ですべてがなくなるわけではないし、野菜は加熱したほうが生よりもたくさん食べられる。不足しやすい食物繊維を摂るためには、野菜はたくさん食べたほうが良い。加熱すれば食中毒の危険性も減る。総合的に考えると野菜は加熱して食べたほうが良いといえる。

生で食べることのできる野菜は多くが日本古来のものではなく外来のものである。外来の野菜が入ってくるまで、日本人がビタミン不足だったということはない。したがって野菜は生で食べることにこだわる必要はないといえる。

（５）ミネラル

ミネラルもビタミン同様に必要量はわずかだが必須の栄養成分である。

表３－４にミネラルの機能と供給源を示した。ミネラルの役割もビタミンと同様にさまざまだが、ビタミンと違う点がある。ミネラルには体の構成成分になるものがある。

また、ビタミンが化合物であったのに対してミネラルは元素である。したがって、どんな動物も植物もミネラルは自分の体内で作ることはできない。地球から、言い換えれば土壌から採り入れる必要がある。

	身体構成成分	体液のpH・浸透圧の調節	神経・筋肉活動の調節	生理活性成分	酵素の活性化	供給源
ナトリウム		○	○			食塩
カリウム		○	○			野菜類、果実類、豆類など
カルシウム	○	○	○			乳製品、小魚類、緑黄色野菜など
マグネシウム	○	○	○	○	○	藻類、種実類、豆類、魚介類、穀類など
リン	○	○				魚介類、穀類、種実類、乳類、卵類など
鉄	○			○	○	レバー、藻類、魚介類、肉類、緑黄色野菜など
亜鉛				○	○	魚介類、肉類など
銅				○	○	レバー、種実類、魚介類など
マンガン				○	○	穀類、豆類、野菜類など
ヨウ素				○	○	藻類、魚介類など
セレン				○	○	魚介類、卵類など
クロム	炭水化物代謝に関与					レバー、穀類、豆類、きのこ類、種実類など
モリブデン					○	レバー、豆類など

表3-4　ミネラルの機能と供給源

海の水にはミネラルが豊富に存在する。最も多いのはナトリウムである。海の水は、地上に降った雨が地表を流れたり地中にしみ込んだりして、土壌の中のミネラルを溶かし込んで流れてきたものである。表3－4の供給源に藻類や魚介類が多いのもうなずける。

ミネラルには、こんなものが栄養素なのかと思われるようなものがあるかもしれない。ミネラルは不足すると関係する機能に悪影響が出る。しかし、摂取量を増やせば関係する機能が高まるということはなく、ほとんどのミネラルに過剰に摂った場合の問題がある。これはビタミンと同様である。

そして、ミネラルもビタミンのように通常の食品を食べている限り、過剰になることはないと考えて良い。ただし、サプリメントで摂る場合には摂取量を守って過剰にならないようにする必要がある。

ミネラルやビタミンはエネルギー源にはならない。すなわちエネルギーはない。このことが、ビタミンやミネラルは体に良い栄養素だからしっかり摂ったほうが良いというイメージになっているのではないかと思う。しかし、栄養素にはそれぞれに役割があり、ある栄養素を他の栄養素の代わりにすることはできないことを認識しておく必要がある。

（６）水

成人では体重の60％ほどが水分である。体の水分というと、まず血液を思い浮かべるかもしれない。しかし、血液は体重の７％ほどなので、体の水分の多くは血液以外の部分である、細胞内と細胞間質（細胞と細胞の間）に存在している。

ここまで見てきた栄養素は血液、すなわち水によってそれぞれが利用される臓器・組織に運ばれる。運ばれた先の臓器・組織では、細胞間質と細胞内の運搬・移動も水分を介しておこなわれる。

体水分の出納を表３－５に示した。１日あたり、食物からの水分摂取量が８００mlというのは多いと思われたかもしれない。しかし、後述（図３－７）のように食品には多くの水分が含まれている。

入		出	
飲料水	1,200ml	尿	1,300ml
食物	800ml	大便	100ml
代謝水	300ml	不感蒸泄	900ml
		（不可避尿）	（500ml）

表3-5　１日あたりの水分出納

表３－５の「代謝水」というのは、炭水化物や脂肪が代謝されてエネルギーを生産した結果、体内で発生する水である。

「不感蒸泄」は、気付かないうちに皮膚から蒸発している水分である。運動すると発汗が増加するので皮膚経由で体から出ていく水分が増える。

「不可避尿」は体内で生成した代謝物を尿中に排泄するために、最低限必要な尿の量である。

成人では1日あたり約2Lの水分が体に供給され、同量が体から排泄されている結果、体の水分量は一定に維持されている。

栄養素は不足も過剰も良くない

栄養素の摂取量が必要量よりも少ないと、その栄養素の関係した機能や役割に悪影響が出る。そのため、必要量を摂っていないと心配している人は、サプリメントに手を出しやすいようだ。特に、ジム運動をしている人のなかには、サプリメントを好む人も多いように見える。

しかし、栄養素というのは、摂れば摂るほど、関係する機能や役割にとって良いわけではない。

たとえば、たんぱく質は重要な栄養素だが、消費されずに余ると、体内では脂肪に変換されて蓄積する。炭水化物も同様である。したがって、たんぱく質や炭水化物でも摂り過ぎると体脂肪が蓄積して太る。ビタミンやミネラルは摂り過ぎても太ることはないが、長期間にわたって摂り過ぎると過剰摂取による健康被害が起こるものがある。

とはいうものの、前述のようにビタミンやミネラルについては、普通の食品を摂っていて過剰になることはほとんどなく、あまり心配する必要はない。ただし、サプリメントを好む人は、特定の栄養素を多量に摂ってしまうことがあるので注意が必要である。

食品の成分

食品には、含まれている栄養素の種類や量に特徴がある。

たとえば、主食のご飯やパンには炭水化物が多い。しかし、炭水化物しか含んでいないわけではなく、いろいろな栄養素を含んでいる。

図３－７は、食品１００ｇあたりの栄養成分を示している。多くの食品で水分が多いのが目につく。ご飯やパンには確かに炭水化物が多い。しかし、たんぱく質や脂質も含んでいる。食パンはたんぱく質を鶏卵やウインナーソーセージと同じくらい含んでいる。ウインナーソーセージは肉から加工されるのでたんぱく質が多いが脂質も多い。肉はたんぱく源というのは正しいが、脂質源でもある。

図３－８は図３－７の食品の、一般成人が１回に食べる目安量あたりの栄養成分を示している。主食のご飯やパンは摂取量が多いので、主食から摂れるたんぱく質の量は多い。

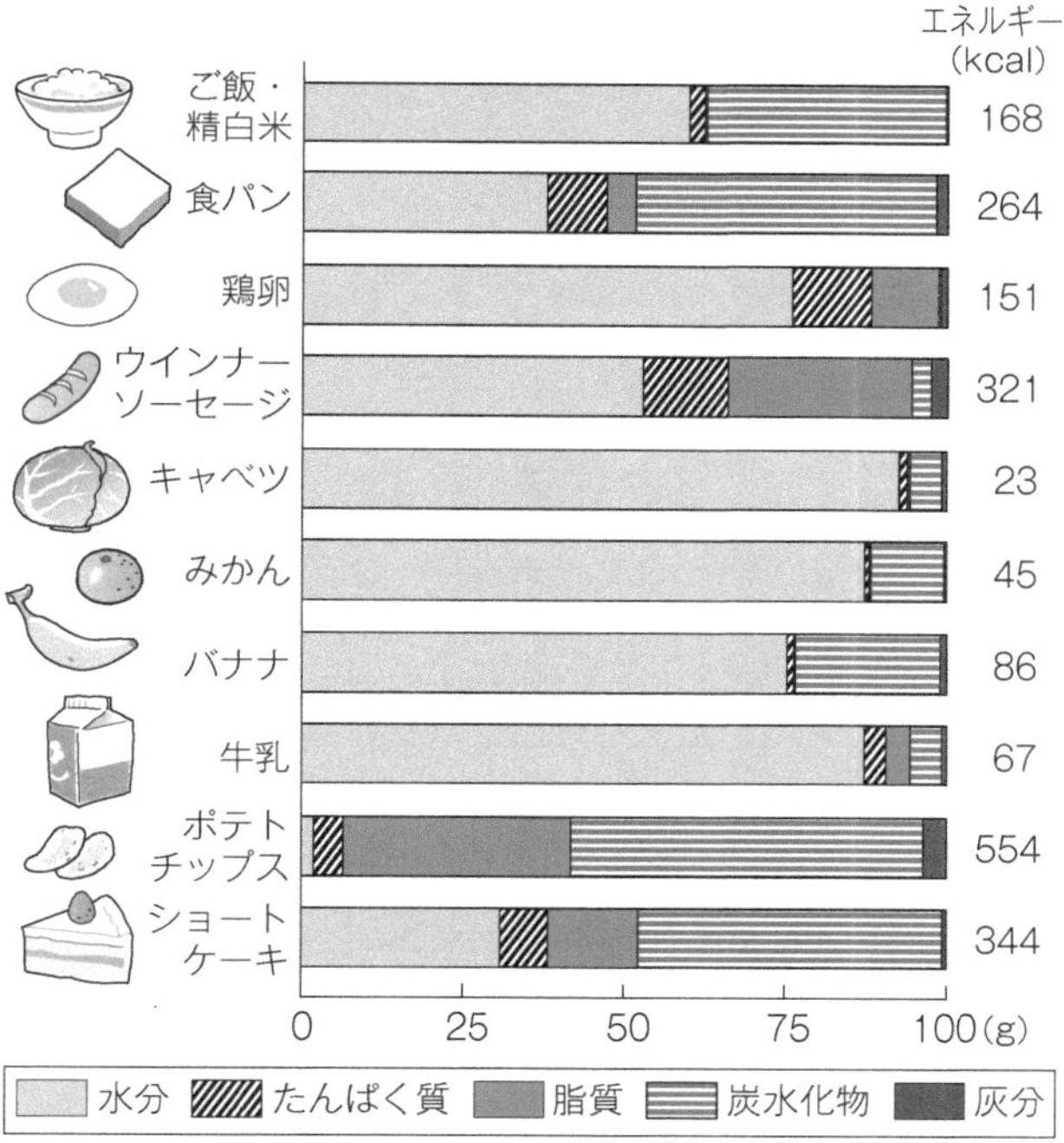

図3-7　食品100gあたりの成分。岡村ら2011,市民からアスリートまでのスポーツ栄養学

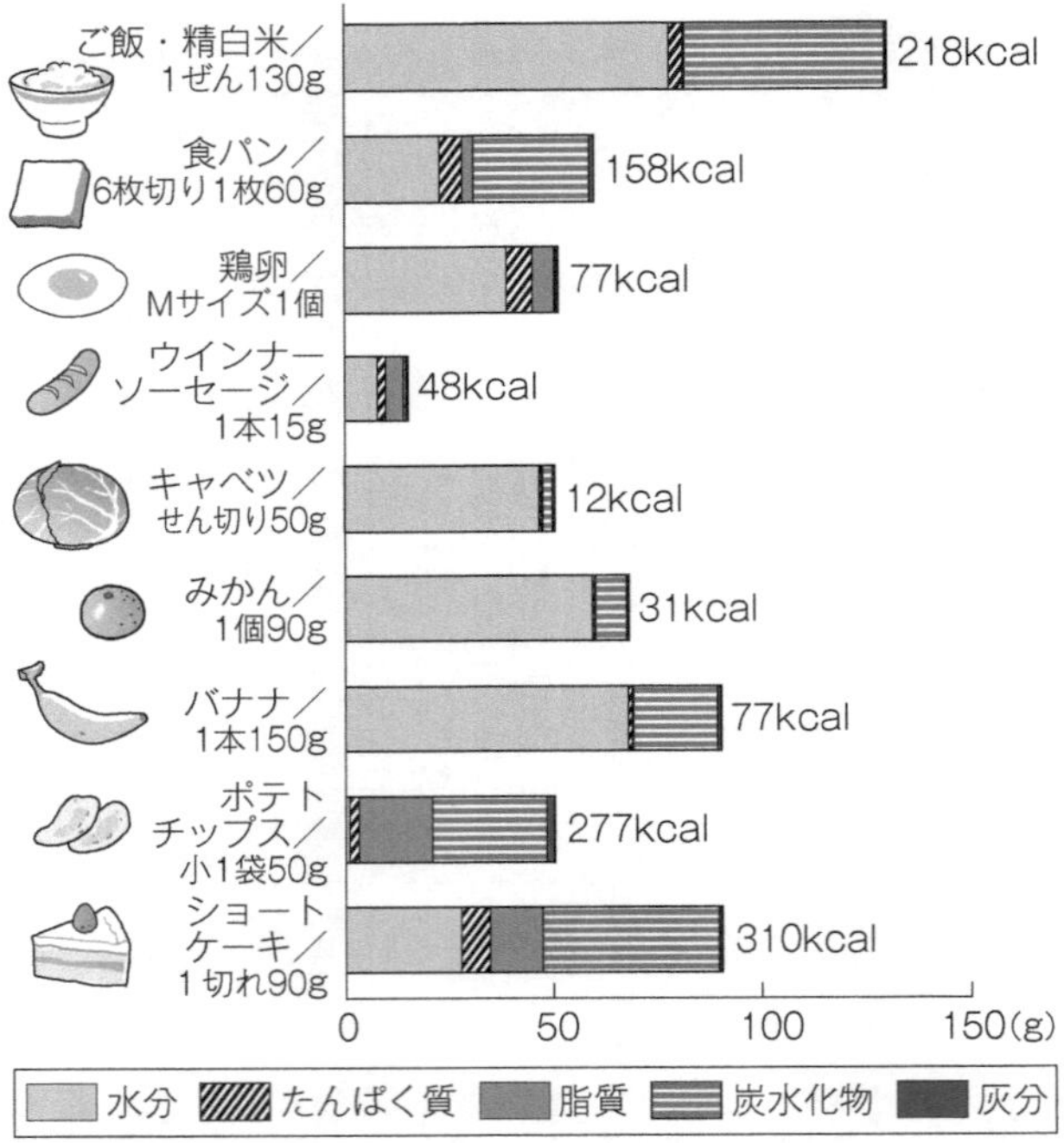

図3-8　1回に食べる目安量あたりの各食品の成分。岡村ら2011,市民からアスリートまでのスポーツ栄養学

食品名	100gあたり			1個（本、カット）あたり	
	エネルギー（kcal）	水分（g）	脂質（g）	重量（g）	エネルギー（kcal）
みかん	45	87.4	0.1	90	31
りんご	54	84.9	0.1	250	115
バナナ	86	75.4	0.2	150	77
ショートケーキ	344	31.0	14.0	90	310
チョコレート	557	0.5	34.0	3	17

表3-6　食品のエネルギー密度。果物と菓子は重さが同じでもエネルギーは違う。ダイジェスト版五訂食品成分表より

エネルギー密度

食品は体積や重量が同じでもエネルギーは同じではない。表3－6のように、みかんとショートケーキの重量はどちらも同じ90gである。しかし、エネルギーは、ショートケーキは310kcalで31kcalのみかんの10倍である。これは食品中の水分量が違うことによる。水分にはエネルギーはない。したがって、水分の多い食品は大きさのわりにエネルギーが少ないのに対して、水分の少ない食品はエネルギーが多い。

図3－7で、ポテトチップスは水分が非常に少ないので100gあたりのエネルギーは多い。食品の重量あたりのエネルギーを「エネルギー密度」という。エネルギー密度の低い食品で満腹になったときにくらべて、エネルギー密度の高い食品で満腹になったときには、摂取エネルギーが多くなる。

自然の食物は水分量が多い傾向がある。野菜や果物に水分

が多いのは図3－7からも分かる。肉や魚も脂身以外はおよそ75％が水分である。乾燥させると小さくなるのはこのためである。人の胃の大きさは大昔も今も変わらない。もっぱら自然の食品を食べていた大昔にくらべて、現在は太りやすい食環境だといえよう。

第4章
エネルギーの基礎知識

エネルギーの単位

「30分のジョギングで消費するエネルギーは３００kcal」とか「ピザ１ピースのエネルギーは２４０kcal」などという。１カロリー（calorie：cal）のエネルギーは１ｇの水の温度を１度上昇させる。したがって、１kcalは１Ｌの水の温度を１度上昇させる。

成人の１日の消費エネルギーは２０００kcal前後なので、２ｔの水の温度を１度上昇させるエネルギーを消費していることになる。

エネルギーの国際単位はジュール（Ｊ）で、栄養学でもカロリーではなくジュールへ移行することになっている。しかし、これまでに馴染みのあることや分かりやすいことなどから、依然としてカロリーが使われている。そのため、本書でもカロリーを使用する。１kcalは４・１８４kJである。

何にエネルギーを消費しているのか

図４－１は、身体活動レベルが普通の平均的な体格の日本人が、１日に消費しているエネルギーの内訳を示している。

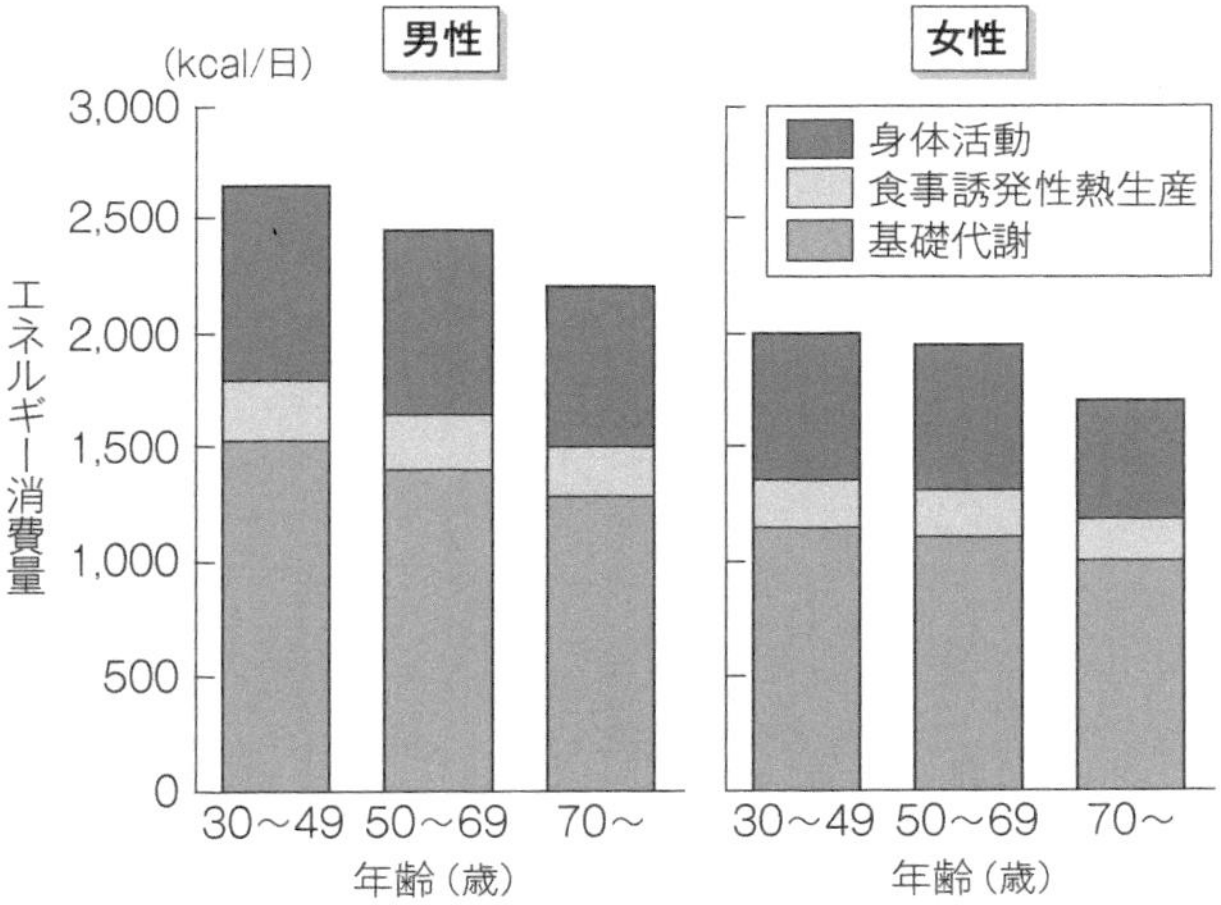

図4-1　１日のエネルギー消費量の内訳

最も大きいのは基礎代謝である。基礎代謝は生きるために必要なエネルギーのことで、一日中、横になっているときに消費するエネルギーと考えれば良い。

基礎代謝には呼吸のための肺のまわりの筋肉の活動、血液循環のための心臓の活動などが含まれる。

さらに、人の体の成分は、絶え間なく古い成分が新しい成分に置き換わっている。これを新陳代謝という。この新しい成分を作るため、すなわち体たんぱく質の合成に、基礎代謝の25%ほどが利用されている。加齢につれて新陳代謝が低下するので、歳をとると基礎代謝は減少する。

基礎代謝にはそのほかに体温維持のために消

費されるエネルギーが含まれる。人の体は体重の60％程度が水分である。この水分の温度は37度ほどなので、「水」というよりも「お湯」といったほうが日本語として適当だと思う。

体重60kgだと体水分は36Ｌほどである。気温は体温よりも低いことが多いので、体の水分を37度に維持するためには温め続けなければならない。体温が低下すると生物は生きていられないので、気温が低い冬でも体温は維持される。当然、夏よりも冬のほうが体温維持に必要なエネルギーが多いということになる。

図４－１の食事誘発性熱生産とは、摂取したものの消化・吸収や体の構成成分の合成などで代謝が高まることを指す。１日の消費エネルギーの10％程度である。

食事誘発性熱生産は、たんぱく質では摂取量の20％、炭水化物では５～10％、脂質では～５％と栄養素によって異なる。この数値の意味は、たとえばたんぱく質を５００kcal摂取した場合は、そのうちの20％の１００kcalは熱になるということである。エネルギーが熱になるというのは、生物が生存したり動いたりするためにも、体を構成するためにも使われないということで、いわば「無駄」になっているということである。

脂質の食事誘発性熱生産は５％以下なので、たんぱく質の20％にくらべて「無駄」になるエネルギーが少ない。たんぱく質の多い食事は太りにくいのではないかという理論的な根拠として考

		活動的な日			非活動的な日		
時　刻	所要時間（分）	日常生活活動の種類	メッツ	エネルギー消費量(kcal)	日常生活活動の種類	メッツ	エネルギー消費量(kcal)
7:00		起床			起床		
7:00-7:30	30	身支度	2.0	51	身支度	2.0	51
7:30-8:00	30	食事	1.5	38	食事	1.5	38
8:00-8:15	15	バス停まで歩く	4.0	51	ゆったり座る	1.0	13
8:15-9:00	45	バスで通勤	1.0	38	ゆったり座る	1.0	38
9:00-12:00	180	デスクワーク	1.8	275	ゆったり座る	1.0	153
12:00-12:20	20	食事	1.5	25	食事	1.5	25
12:20-13:00	40	静かに座る	1.0	34	ゆったり座る	1.0	34
13:00-17:00	240	デスクワーク	1.8	367	ゆったり座る	1.0	204
17:00-18:00	60	エアロビクス運動	6.5	331	ゆったり座る	1.0	51
18:00-18:45	45	バスで通勤	1.0	38	ゆったり座る	1.0	38
18:45-19:00	15	バス停から家まで歩く	4.0	51	ゆったり座る	1.0	13
19:00-19:15	15	身支度	2.0	25	ゆったり座る	1.0	13
19:15-19:30	15	入浴	1.5	19	入浴	1.5	19
19:30-20:00	30	食事	1.5	38	食事	1.5	38
20:00-23:00	180	ゆったり座る	1.0	153	ゆったり座る	1.0	153
23:00-7:00	480	睡眠	0.9	367	睡眠	0.9	367
合計	1,440			1,901			1,247
1日のエネルギー消費量		食事誘発性熱生産を考慮するために合計を0.9で除する		2,113	食事誘発性熱生産を考慮するために合計を0.9で除する		1,386

（1）体重（kg）　53.6
（2）安静時代謝量(kcal/kg体重/日)　22.8
（3）1分間あたりの安静時代謝量(kcal/min)　0.85

表4-1　「活動的な日」と「非活動的な日」のエネルギー消費量（女性50～69歳）

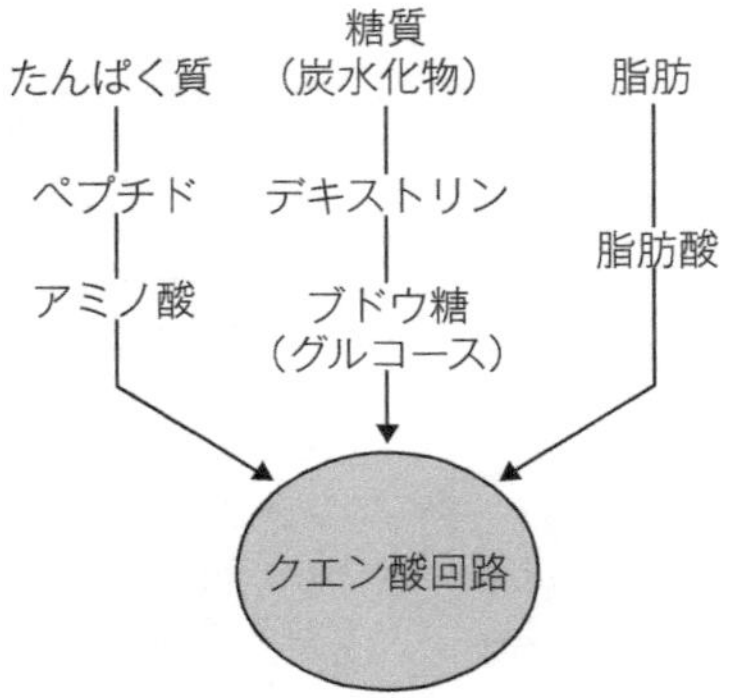

図4-2　三大栄養素によるエネルギー生産経路

えられることの一つに、たんぱく質の食事誘発性熱生産が高い（無駄が多い）ことがある。

身体活動で消費するエネルギーは体をよく動かす人と動かさない人とでは違うし、同じ人でもよく活動した日と活動しなかった日では違う。表４－１は活動的な日と非活動的な日の消費エネルギーの例である。活動的な日が２１１３kcalなのに対して非活動的な日は１３８６kcalと、１日あたり７２７kcalの違いがある。

後述するが、消費されなかったエネルギーは脂肪として体に蓄積する。非活動的な生活をしているのに活動的な日と同じだけ食べ続けていると、体脂肪が増えて太る。

エネルギー源

人の体の主要なエネルギー源は炭水化物と脂肪である。炭水化物は１ｇあたり４kcal、脂肪は１

ｇあたり９kcalのエネルギーを生産する。たんぱく質もエネルギー源となることができ、１ｇあたり４kcalを生産する。図４－２のように、三大栄養素である炭水化物・脂肪・たんぱく質は、それぞれが代謝されエネルギー生産に利用されるが、途中からクエン酸回路で合流する。

　このように３つの栄養素からエネルギーを供給できるということには、次のような意義がある。炭水化物は脳のほとんど唯一のエネルギー源なので、エネルギー源としての優先順位は最上位である。しかし、体内の貯蔵量は少ない。飢餓で食事が不足すると炭水化物が不足してしまう。その場合、筋肉や内臓を作っているたんぱく質が、優先順位の高い炭水化物を体内で合成するための材料として消費される。このため、飢餓では体脂肪が減少するだけでなく筋肉も減少するのである。このようにして、三大栄養素は補い合ってエネルギーを供給している（図４－３）。

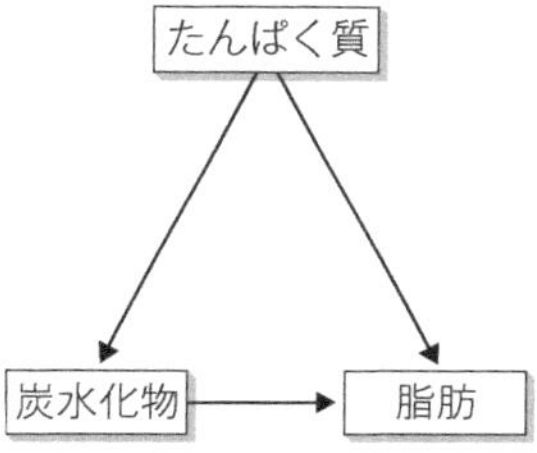

図4-3　三大栄養素の相互変換

　しかし、図４－３をよく見ると、一方通行の矢印がある。つまり、三大栄養素はそれぞれがお互いをすべて補い合えるわけではない。炭水化物はたんぱく質から作ることができるが、たんぱく質は炭水化物からも脂肪からも作ることはできない。たんぱく質も炭水化物も脂肪には変換されるが、脂肪はたんぱく質にも炭水化物にも変換されない。脂肪が増えやすく減りにくい理由の一つである。

余ったエネルギーは脂肪に変換されて蓄積

運動しないでゴロゴロしていると体重が増える、とはよく言われることである。それでは、どのくらいのペースで増えていくものなのだろうか。

図４－３の三大栄養素の相互変換の関係を見ると、消費されないで余ったエネルギーは脂肪に変換されることが分かる。この脂肪は体脂肪として蓄積する。脂肪はたんぱく質や炭水化物に変換されないので、蓄積した脂肪を減らすには、エネルギー源として消費してしまう以外に方法はない。

もう一度、表４－１を見てみよう。活動的な日と非活動的な日で消費エネルギーに７２７kcalの差がある。非活動的な日が続くのに活動的な日と同じだけ食べ続けていると、10日間で７２７０kcalのエネルギーが余る計算になる。１ｇの脂肪は９kcalのエネルギーを持っている。したがって、７２７０kcalのエネルギーが脂肪に変換されると約８００ｇになる。後述するが、体脂肪は脂肪細胞の集まりで、体積の約80％が脂肪、残りが水やたんぱく質などなので、１kgあたり約７０００kcalである。８００ｇの脂肪が蓄積するということは、１kgの体脂肪が蓄積することになる。

つまり、表４－１の例では、食生活を変えずに非活動的な日が続くと、活動的な場合にくらべて、単純計算で、10日間で１kg体重が増えてしまう。運動せずに食べる量が増えたらさらに体重の増えるペースが上がる。お正月にゴロゴロしているとあっという間に体重が増えてしまうのは、こうした理由による。

摂取エネルギー

市販の弁当や菓子などにはエネルギーが表示されているものがある。表示がなくても、飲食物のエネルギーは計算することができる。表４－２は市販の「洋風幕の内弁当」の栄養計算例である。

栄養計算では、①食品の重量を量り、②その食品の１００ｇ中の栄養価を調べ、③食品の重量あたりに換算する。食品１００ｇあたりの栄養価は市販の「食品成分表」のほか、インターネットでも調べられる。

表４－２の弁当のご飯は１９３ｇ、１００ｇのご飯のエネルギーは１６８kcalなので、この弁当のご飯のエネルギーは３２４kcalとなる。このようにして、すべての食品のエネルギーを求めて合計すると、この弁当のエネルギーが計算できる。たんぱく質や脂質などの他の栄養成分について

可食部100gあたり				各食品あたり			
エネルギー（kcal）	たんぱく質（g）	脂　質（g）	炭水化物（g）	エネルギー（kcal）	たんぱく質（g）	脂　質（g）	炭水化物（g）
168	2.5	0.3	37.1	324	4.8	0.6	71.6
223	13.3	13.4	12.3	152	9.0	9.1	8.4
159	4.7	6.3	20.9	41	1.2	1.6	5.4
149	5.2	0.9	28.4	30	1.0	0.2	5.7
321	13.2	28.5	3.0	39	1.6	3.4	0.4
151	10.8	9.0	6.4	32	2.3	1.9	1.3
82	18.4	0.3	0.3	4	0.9	0.0	0.0
317	12.4	6.7	50.4	29	1.1	0.6	4.5
921	0.0	100.0	0.0	46	0.0	5.0	0.0
84	6.0	1.0	33.9	6	0.4	0.1	2.4
149	5.2	0.9	28.4	10	0.4	0.1	2.0
138	22.0	4.8	0.0	11	1.8	0.4	0.0
317	12.4	6.7	50.4	22	0.9	0.5	3.5
921	0.0	100.0	0.0	37	0.0	4.0	0.0
119	1.7	0.0	27.4	0	0.0	0.0	0.0
599	20.3	54.2	18.5	6	0.2	0.5	0.2
44	3.7	0.7	8.2	0	0.0	0.0	0.0
703	1.5	75.3	4.5	63	0.1	6.8	0.4
37	1.0	0.1	8.8	3	0.1	0.0	0.7
				855	25.8	34.8	106.5
				963	28.8	42.7	116.1

食品		
料理	**食品名**	**重量（g）**
ご飯	水稲めし・精白米	193
ハンバーグ	ハンバーグ	68
コロッケ	コロッケ	26
スパゲティ	マカロニゆで	20
ウインナー	ウインナー	12
オムレツ	オムレツ	21
エビフライ	全体	19
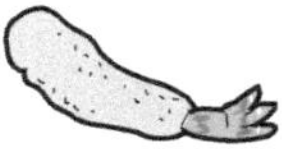	エビ	5
	ころも	9
	油	5
こんぶ	こんぶ	7
ペンネソース和え	マカロニゆで	7
チキンカツ	全体	19
	鶏肉・もも皮なし	8
	ころも	7
	油	4
	ケチャップ	0
	ごま	1
	パセリ	0
	マヨネーズ	9
	たまねぎ	8
合計		
弁当の表示		

表4-2　栄養計算例（洋風幕の内弁当）

も同様に求められる。この弁当の場合、エネルギーの総計は８５５kcalと計算できるが、弁当の表示は９６３kcalである。

　数値の違いは次のような理由による。まず、弁当の料理は大量に調理してそれを小分けする。弁当の栄養表示は、小分けする前の値を作った弁当の数で割った値なので多少の誤差が出る。このような理由で、エネルギーや三大栄養素の量の表示では±20％の誤差が認められている。それから、エネルギーに大きく影響する揚げ物の油の量を、この計算では揚げるときにころもに吸い込まれる標準的な割合を用いて推定している。このため、実際の量よりも多かったり少なかったりすることがある。また、調理に使った砂糖などの調味料からのエネルギーなどは、使用する材料の量の段階から計算する必要がある。この計算のように、でき上がった料理からでは調味料の使用量が分からないので、誤差になりうる。

　ところで、第1章「5つの食品カテゴリー」で述べたように、主食：主菜：副菜が３：１：２の割合で詰められている場合、弁当箱の容量（ml）がおよそのエネルギー量（kcal）になる。大人の胃は満腹で１・５〜１・８Ｌなので、飲み物も含めて毎食、満腹になるまで食べていると食べ過ぎになるといえる。

　かつて、エネルギー密度の低い食品を食べていた頃には、満腹になるまで食べても食べ過ぎにはなりにくかったのだろうと考えられる。現在の人の胃の大きさは、そうした時代の名残だろう。現在でも、馬や牛などの草食動物はエネルギー密度の低い草を食べているので、大量に食べる必要がある。このため、起きている間中、食べているのだという。

エネルギー消費量の求め方

次に、エネルギーがどれだけ消費されたかを計算する方法について考えてみよう。いくつか計算方法があるが、代表的なものを紹介する。

(1) 要因加算法

表４−１のように１日の生活活動を記録し、それぞれの生活活動の消費エネルギーを合計する方法を「要因加算法」という。この方法で消費エネルギー量が計算できる。

この計算をおこなうための手順は以下のとおりである。

①安静時代謝を求め、
②計算したい日の生活活動を記録し、
③各生活活動のメッツ値（身体活動の強度の指標）を調べ、

エネルギー消費量の計算（37歳女性、体重53.0kgの場合）

(1) 基礎代謝基準値（表4-4より）

21.7（kcal/kg体重/日）

(2) 安静時代謝

21.7（kcal/kg体重/日）×53.0（kg）×1.1＝
1,265（kcal/日）

(3) 1分間あたりの安静時代謝

1,265（kcal/日）÷1,440（分/日）＝0.878（kcal/分）

(4) 各活動に要するエネルギー（kcal）

＝1分間あたりの安静時代謝（kcal/日）×所要時間（分）×メッツ
例：17:00〜18:00のエアロビクス運動での消費エネルギーは、
0.878（kcal/分）×60（分）×6.5＝342（kcal）

時　刻	所要時間（分）	日常生活活動の種類	メッツ	エネルギー消費量（kcal）
9:00-12:00	180	デスクワーク	1.8	284
12:00-12:20	20	食事	1.5	26
12:20-13:00	40	静かに座る	1.0	35
13:00-17:00	240	デスクワーク	1.8	379
17:00-18:00	60	エアロビクス運動	6.5	342

表4-3　エネルギー消費量の計算の手順

性別	男性			女性		
年齢（歳）	基礎代謝基準値 (kcal/kg体重/日)	基準体重 (kg)	基礎代謝量 (kcal/日)	基礎代謝基準値 (kcal/kg体重/日)	基準体重 (kg)	基礎代謝量 (kcal/日)
1～ 2	61.0	11.7	710	59.7	11.0	660
3～ 5	54.8	16.2	890	52.2	16.2	850
6～ 7	44.3	22.0	980	41.9	22.0	920
8～ 9	40.8	27.5	1,120	38.3	27.2	1,040
10～11	37.4	35.5	1,330	34.8	34.5	1,200
12～14	31.0	48.0	1,490	29.6	46.0	1,360
15～17	27.0	58.4	1,580	25.3	50.6	1,280
18～29	24.0	63.0	1,510	22.1	50.6	1,120
30～49	22.3	68.5	1,530	21.7	53.0	1,150
50～69	21.5	65.0	1,400	20.7	53.6	1,110
70以上	21.5	59.7	1,280	20.7	49.0	1,010

表4-4　基礎代謝量。日本人の食事摂取基準2010年版

④各生活活動のエネルギー消費量を計算し、

⑤1日分を合計して0・9で割る。

計算の具体的な手順を表4－3に示した。

①の安静時代謝は、表4－4で該当する年齢・性別の「基礎代謝基準値」を調べ、（基礎代謝基準値、kcal／kg体重／日）×（kg体重）×1・1で求める。減量しようとしている場合は、現在の体重ではなく目標体重を用いて計算する。現在の体重を用いた計算では、現在の体重を維持するためのエネルギーを求めることになり、そのエネルギーを摂取していると体重は減らない。

③の各生活活動の「メッツ値」とは、安静時代謝の何倍のエネルギーが必要な生活活動なのかの指標で、数値が高いほど活動強度が高い。代表的なメッツ値を表４－５に示した。この表にない活動のメッツ値は、国立健康・栄養研究所ホームページなどで調べられる。

表４－３には計算例として、エアロビクス運動を１時間おこなったときの消費エネルギーを示した。

37歳の女性の基礎代謝基準値は、表４－４より21・７kcal／kg体重／日である。この人は体重53・０kgなので、安静時代謝は、

21.7（kcal／kg体重／日）×53.0（kg）×1.1＝1265（kcal／日）

となる。それぞれの日常生活活動での消費エネルギーを計算するためには、１分間あたりの安静時代謝を求める必要がある。１日は１４４０分なので１分間あたりの安静時代謝は、

1265（kcal／日）÷1440（分／日）＝0.878（kcal／分）

となる。

次に、エアロビクス運動のメッツ値は表４－５より６・５である。したがって、エアロビクス運動を60分間おこなったときの消費エネルギーは、

0.878（kcal／分）×60（分）×6.5＝342kcal

である。

このようにして、それぞれの生活活動での消費エネルギーを計算し１日分を合計する。そして、この合計を０・９で割る。０・９で割る理由は、メッツを用いたこの計算結果には１日のエネルギー消費量の10％を占める食事誘発性熱生産が含まれていないためである。なお、この計算は24時間あたりで計算するので、所要時間の合計が１４４０分になるようにする。

（２）酸素消費量の測定

エネルギー消費量は、酸素消費量を測定することでも求められる。酸素消費量の測定にはそのための測定機器が必要である。

呼吸で取り入れた酸素は、体内で炭水化物や脂肪がエネルギーを生産する代謝過程で利用される。この代謝過程で、酸素１Ｌあたり平均で４・８kcalのエネルギーが生産される。生物はこのようにして生産されたエネルギーを消費しているので、酸素を１Ｌ消費する活動のエネルギー消費量は４・８kcalとなる。炭水化物と脂肪は分解して二酸化炭素と水になる。二酸化炭素は呼気に排泄される。

エネルギー消費量を測定するときに、酸素消費量と同時に二酸化炭素排泄量を測定することが

	活動内容	メッツ
高強度の運動	器械体操	4.0
	投擲	4.0
	卓球	4.0
	バレーボール	4.0
	ゴルフ	4.5
	打ちっぱなしゴルフ	3.0
	アクアビクス、水中体操、水中歩行	4.0
	バドミントン（レクリエーション的）	4.5
	ダンス（バレエ、モダン、ツイスト、ジャズ）	4.8
	子どもの遊び（石蹴り、ドッジボール、遊戯具など）	5.0
	野球、ソフトボール	5.0
	投手	6.0
	バスケットボール	6.0
	エアロビクス	6.5
	エアロバイク	7.0
	アイススケート	7.0
	スキー	7.0
	クロスカントリースキー	8.0
	登山	7.0
	ボート、カヌー	7.0
	テニス	7.0
	バドミントン	7.0
	サッカー	7.0
	ラグビー	10.0
	柔道、空手	10.0
	ハンドボール	12.0
	自転車競技	12.0
	水泳（背泳）	7.0
	水泳（平泳ぎ）	10.0
	水泳（バタフライ）	11.0
	水泳（クロール、ゆっくり、46m/分）	8.0
	水泳（クロール、速い、69m/分）	11.0
	ジョギング（一般的）	7.0
	ランニング（9.7km/時、162m/分）	10.0
	ランニング（12.1km/時、202m/分）	12.5
	縄跳び（やや速い）	10.0
	腕立て伏せ、腹筋運動など	8.0
	筋力トレーニング（軽・中等度）	3.0
	（高強度）	6.0

	活動内容	メッツ
安静	睡眠	0.9
	横になる、静かに座る、テレビを見る 音楽鑑賞、映画鑑賞、読書、書き物をする	1.0
	静かに立つ	1.2
	会話や電話（座位）	1.5
	会話や電話（立位）	1.8
	食事	1.5
	入浴（座位）	1.5
	シャワーを浴びる（立位）	2.0
	身支度（洗顔、歯磨き、手洗い、髭剃り、化粧、着替え）	2.0
低・中強度の生活活動	勉強、学校の授業	1.8
	デスクワーク、タイピング	1.8
	座位作業（軽いオフィスワーク、会議など）	1.5
	立位作業（店員の業務、コピーなど）	2.3
	裁縫	1.5
	趣味・娯楽（ゲームで遊ぶ、手芸など）	1.5
	ピアノ、オルガンの演奏	2.5
	料理	2.0
	洗濯物を干す、片付ける	2.0
	皿洗い	2.3
	買物	2.3
	軽い掃除（ごみ拾い、整頓など）	2.5
	大きいものの掃除（洗車、窓、車庫など）	3.0
	フロアの掃き掃除	3.3
	掃除機をかける	3.5
	床磨き、風呂掃除	3.8
	草むしり、庭の手入れ	4.5
	電車やバス、車に乗車する	1.0
	車の運転	2.0
	スクーター、オートバイの運転	2.5
	通勤、通学で歩く	4.0
	自転車に乗る	4.0
中強度の運動	散歩（53m/分未満）	2.0
	ストレッチング、ヨガ	2.5
	キャッチボール	2.5
	ボーリング	3.0
	バレーボール（9人制、レクリエーション的）	3.0
	階段昇降	3.5
	ウォーキング（運動として、93m/分）	3.8

表4-5　身体活動のメッツ（METs, Metabolic Equivalents）

炭水化物がエネルギーの100%を供給しているとき

$$C_6H_{12}O_6 + 6\,O_2 \rightarrow 12\,H_2O + 6\,CO_2$$

$$RQ = 6\,CO_2/6\,O_2$$

$$= 1.0$$

脂肪がエネルギーの100%を供給しているとき

$$2\,C_{51}H_{98}O_6 + 145\,O_2 \rightarrow 102\,CO_2 + 98\,H_2O$$

$$RQ = 102\,CO_2/145\,O_2$$

$$\fallingdotseq 0.7$$

表4-6　呼吸交換比

ある。エネルギー源として消費される炭水化物と脂肪の比率によって、酸素消費量あたりの二酸化炭素排泄量が変化するので、脂肪と炭水化物の消費量を知ることができる。酸素消費量と二酸化炭素排泄量の比を、呼吸交換比あるいは呼吸商（Respiratory Quotient：RQ）という。

表4－6の「$C_6H_{12}O_6$」は体内でエネルギー源として利用されるブドウ糖（グルコース）である。この式は1分子のブドウ糖が6分子の酸素（O_2）と反応してエネルギーを発生した結果、12分子の水（H_2O）と6分子の二酸化炭素（CO_2）が体内でできることを示している。このときの呼吸交換比は、

$6CO_2／6O_2＝1.0$

となる。呼吸交換比が1・0のときはエネルギーのすべてが炭水化物から生産されていることになる。

一方、表4－6の「$2C_{51}H_{98}O_6$」は体内でエネルギー生産に利用される脂肪のうちで主要なパルミチン酸である。ブドウ糖の場合と同様に計算すると呼吸交換比は、

体重	40kg	60kg	80kg
ジョギング	147	221	294
エアロバイク	147	221	294
野球	105	158	210
サッカー	147	221	294
水泳（クロール、ゆっくり）	168	252	336

表4-7　それぞれの運動を30分間おこなったときの消費エネルギー（kcal）

$$102CO_2 / 145O_2 \fallingdotseq 0.7$$

となる。脂肪がエネルギーのすべてを供給しているときには、呼吸交換比はおよそ０・７になる。

エネルギー源として利用されている炭水化物と脂肪の比率は、運動の強度や持続時間によって変化するので、呼吸交換比は０・７〜１・０の間の値になる。運動でどのくらいの脂肪が消費されたのかは、このようにして測定できる。

運動による消費エネルギー

運動による消費エネルギーは、表４−５のメッツと体重、そして運動した時間とからも求められる。たとえば、６・５メッツのエアロビクスを体重55kgの人が30分間おこなったときの消費エネルギーは以下のように計算できる。

1.05×55（kg体重）×6.5（メッツ）×0.5（時間）＝188kcal

この計算式を見て分かるように、運動による消費エネルギーの計算には体重が要因として含まれる。同じ運動でも、消費エネルギーは体重の重い人のほうが軽い人よりも多い。車体の重い自動車のほうが軽い自動車よりも、消費する燃料が多いのと同じ理屈である。

表4－7に、いくつかの運動について体重が40kg、60kg、80kgの人が30分間おこなったときの消費エネルギーを示した。

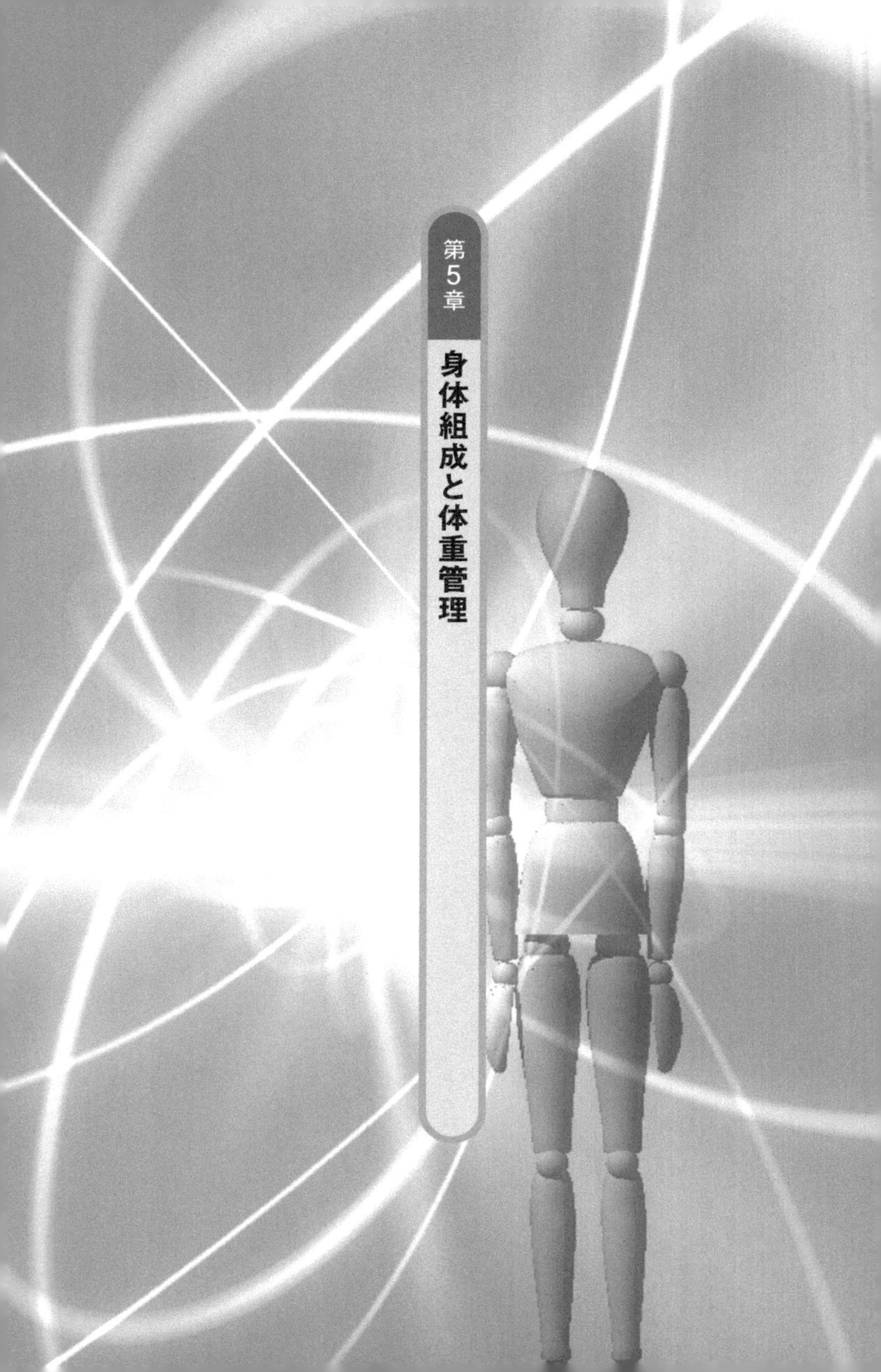

第5章 身体組成と体重管理

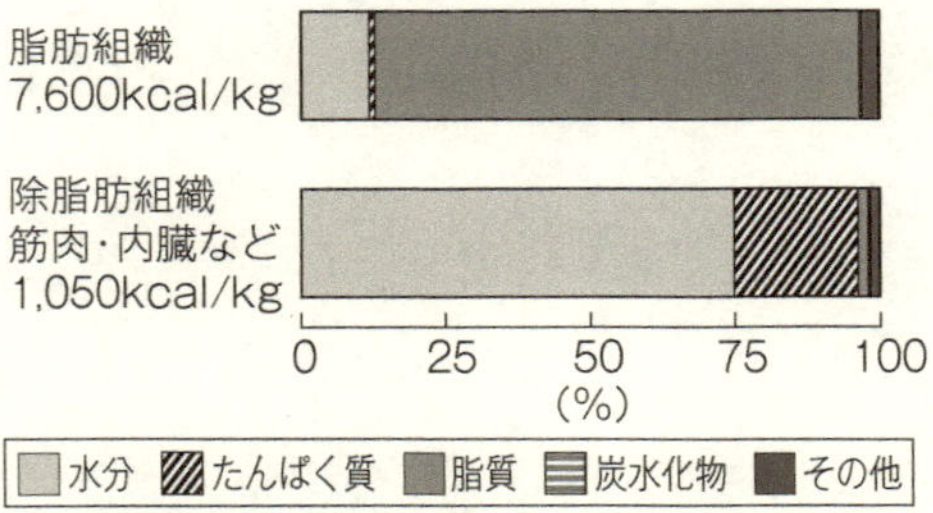

図5-1　脂肪組織と除脂肪組織の組成とエネルギー含量。Tai Sら2009より作成

体重・脂肪組織・除脂肪組織

ジムで運動している人は、体重だけでなく身体組成にも気を配っていることだろう。

体重は脂肪組織と除脂肪組織の重量に分けられ、脂肪組織と除脂肪組織の割合が身体組成である。体重が60kgで体脂肪率20%だと、脂肪組織の重量は12kg、除脂肪組織の重量は48kgである。

脂肪組織は、容積の80%ほどの脂肪を蓄えた脂肪細胞が集まってできている。除脂肪組織は筋肉・内臓など脂肪組織以外の組織の総称で、これらの組織の細胞は容積の約75%が水、残りのほとんどがたんぱく質である。脂肪は１ｇが９kcal、たんぱく質は１ｇが４kcalなので、１kgあたりのエネルギーは脂肪組織が約７６００kcal、除脂肪組織は約１０５０kcalと大きく異なる（図５－１）。

（1）インピーダンス法

最近のジムには、身体組成を測定できる器具が設置されていることが多い。家庭で使う体重計でも身体組成測定のできるものが増えている。こうした器具の身体組成測定にはインピーダンス法が利用されている。

インピーダンスとは電気抵抗のことで、インピーダンス法では電気がどのくらい体を流れるかを測定している。電気を流すために測定器の決められた場所に裸足で乗る。電気は非常に弱いので、人は何も感じない。純粋な水は電気を通さないが、体の水分にはナトリウムや塩素などのイオン（電解質）が含まれているので電気が流れる。脂肪組織には水分が少ないので電気が流れにくいが、除脂肪組織には水分が多いので電気が流れやすい（図5－1）。このため、電気は体脂肪が多いと流れにくく（インピーダンスが高い）、体脂肪が少ないと流れやすい（インピーダンスが低い）。インピーダンスの値と身体組成との関係式から、体脂肪率や体脂肪量などを算出している。

（2）水中体重秤量法・空気置換法

人の体は、脂肪が多いと比重が軽く、脂肪が少ないと比重が重い。脂肪組織の比重は0・9g

／㎤、除脂肪組織は1・1g／㎤である。この性質を利用した測定法が水中体重秤量法・空気置換法である。

水中体重秤量法では、頭まですっぽりと水の中に浸かったときの体重と水位の上昇から体の体積を測定して比重を求める。この比重から脂肪組織と除脂肪組織の割合を算出する。この方法は、①専用の設備が必要なこと、②頭まで水に入らなければならないこと、③水中での体重測定に誤差を与える肺の中の空気の影響を考慮する必要があること、などから簡単に測定できるものではない。しかし、身体組成の標準的な測定法であり、前述のインピーダンス法での計算式は、この方法で測定された値を基準として作成されている。

空気置換法は水中体重秤量法と同様の原理による測定法で、水の代わりに空気を利用するので手軽に測定できる。BodPodという名称の測定器がよく知られている。

（3）皮下脂肪厚法

皮下脂肪の厚さから、体脂肪率を求めるのが皮下脂肪厚法である。キャリパーという皮下脂肪をつまんで厚さを測定する専用の器具で、基準となる部位の皮下脂肪厚を測定し、換算式を用いて体脂肪率を求める。

基準となる部位は、上腕の背部、肩甲骨の下、へその横の３部位、あるいは上腕の背部と肩甲骨の下の２部位が一般的である。これらの測定値から体脂肪率を求める計算式が開発されて利用されている。熟練した人が測定すると信頼できる値が得られるとされている。対象がアスリートの場合は、６～７部位の測定をおこなう方法もある。

（４）その他の方法

二重エネルギーＸ線吸収法は、２種類の波長のＸ線を全身に照射し透過率の差から身体組成を測定する方法で、ＤＥＸＡ（デキサ）法ともいう。Ｘ線の代わりに核磁気共鳴画像（ＭＲＩ）で脂肪組織と除脂肪組織を計測して身体組成を評価する方法もある。

これらの方法は大掛かりな装置を用いるので、測定法としては一般的ではない。

体型指数（ＢＭＩ）

体型指数（Body Mass Index：ＢＭＩ）は太り過ぎか痩せ過ぎかの目安としてよく利用されている。体重（kg）を身長（m）の２乗で割った値で、日本では18・5以上、25未満が標準、25以上は肥満、18・5未満は痩せ過ぎと判定される。

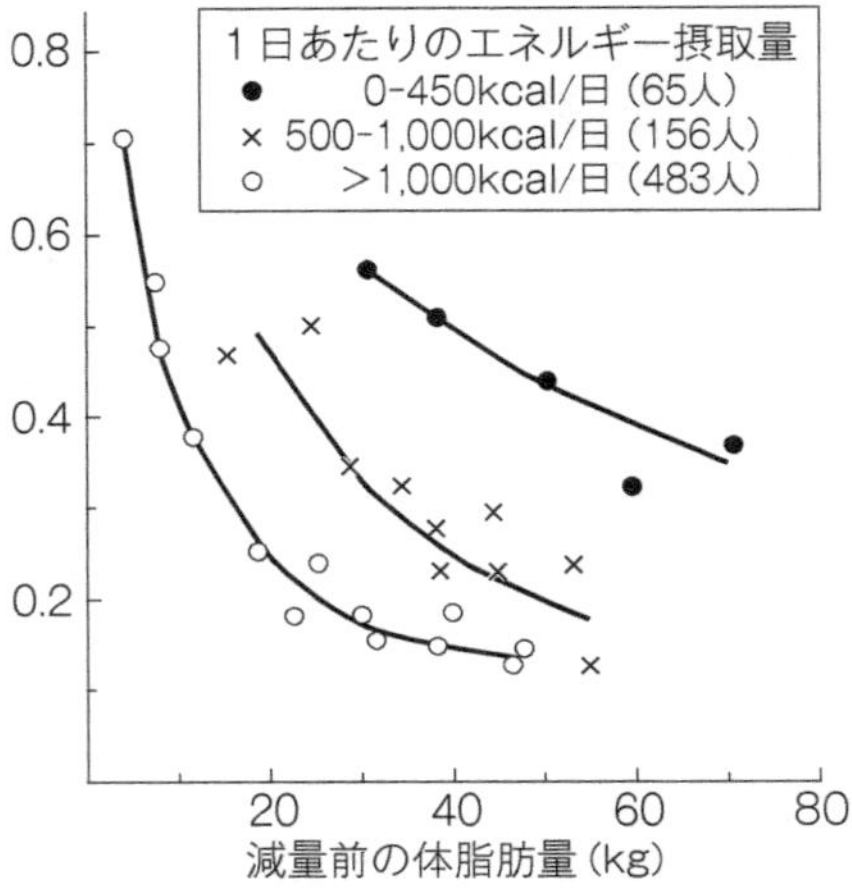

図5-2　減量前の体脂肪量の多いほうが体重減少量に占める除脂肪組織の減少量が少ない。Forbes 2000

ＢＭＩは身長のわりに体重が軽いか重いかを表すもので、身体組成は分からない。筋肉の多いアスリートは身長のわりに体重が重いことがあり、ＢＭＩは高くなる。しかし、体脂肪が多いわけではないので太り過ぎとはいえない。

減量と身体組成

減量時に「筋肉を落とさずに脂肪だけを落としたい」などと言う人がいる。こうしたことが可能かどうかを考えてみよう。それにはまず、減量をすると身体組成がどう変わるかを見る必要がある。

図５－２は、減量前の体脂肪量と減量時の除脂肪組織減少量の関係を示したものである。減量前に体脂肪量が多いほど、減量による筋肉などの除脂肪組織が減少しにくいことが分かる。体脂

肪の少ない人が減量すると、除脂肪組織が減少しやすいといえる。たとえば、１日あたりのエネルギー摂取量が１０００kcal以上の場合、減量前の体脂肪が30kgの人では体重減少の15％程度が除脂肪組織だが、減量前の体脂肪が10kgの人では体重減少の50％程度が除脂肪組織である。分かりやすく書くと、肥満の人のほうが減量時に筋肉が落ちにくく、筋肉質の人のほうが減量時に筋肉が落ちやすい。

また、減量中のエネルギー制限が大きいと減量中の除脂肪組織が減少することも分かる。減量前の体脂肪が30kgの場合、１日あたり１０００kcal以上のエネルギーを摂取していると除脂肪組織の減少は体重減少の15％ほどなのに対して、４５０kcal以下のエネルギーしか摂っていない場合は体重減少に占める除脂肪組織の割合は60％近い。これも分かりやすく書くと、極端に食べる量を減らすダイエットをおこなうと、脂肪よりも筋肉が落ちやすくなる、ということである。

ただし、除脂肪組織とは筋肉のみを指すのではない。表５－１は減量前後の身体組成などの変化を示している。除脂肪組織の中で減量によって最も減少した割合が高いのは腎臓（マイナス６・４％）であり、続いて心臓（マイナス５・３％）、肝臓（マイナス４・４％）、筋肉（マイナス３・１％）の順である。代謝活性の高い組織ほど減量で減りやすいといえる。脳は代謝活性が高いが減量後に萎縮していない。また、割合ではなく絶対量ならば、筋肉の減少が圧倒的に大き

	減量前	減量後	変化率（%）
体重（kg）	102.2±16.8	92.8±16.3*	
脂肪組織（kg）	45.8±12.1	37.8±11.9*	
除脂肪組織（kg）	56.7±7.7	55.1±9.9*	−2.8
骨（kg）	4.45±0.52	4.51±0.56*	1.3
筋肉（g）	29038±5073	28115±4270*	−3.1
脳（g）	1469±90	1475±90	0.4
肝臓（g）	1768±337	1690±293*	−4.4
腎臓（g）	376±63	352±58*	−6.4
心臓（g）	232±47	220±46*	−5.3
その他（kg）	14.5±4.3	14.8±3.4	2.1
安静時代謝（MJ/日）	7.37±0.96	6.80±0.81*	
甲状腺ホルモン（pg/ml）	4.25±0.48	3.96±0.54*	

表5-1　減量前後の変化。＊減量前と有意差がある。Bosy-Westphalら2009より作成

い。

ここで最初の問いに答えるならば、「筋肉を落とさずに脂肪を落とすには、食べる量をあまり減らさないことが重要」ということになる。食べる量を減らさずに減量するには、エネルギー消費量を増やすしかない。つまり運動を増やすしかない。

減量による体重減少には個人差がある。表5－2は、減量による除脂肪組織の減少が小さかった人を「減量に適応した人」、除脂肪組織の減少が大きかった人を「減量に適応しなかった人」に分けてまとめている。「減量に適応した人」のほうが体重減少は少なく、安静時代謝の低下が大きいことが分かる。甲状腺ホルモンは基礎代謝・安静時代謝を司っ

	適応しなかった人	適応した人
体重（kg）	−10.6±5.5	−8.3±3.0*
除脂肪組織（kg）	−2.4±3.1	−0.7±3.0*
体脂肪率（%）	−4.2±2.8	−4.4±2.3
筋肉（g）	−777±1816	−106±1535
脳（g）	3±17	9±19
肝臓（g）	−158±171	−1±189*
腎臓（g）	−35±44	−12±40*
心臓（g）	−14±34	−9±39
安静時代謝（MJ/日）	−0.20±0.41	−0.92±0.64*
甲状腺ホルモン（pg/ml）	−0.24±0.41	−0.46−±0.38*

表5-2　減量に適応した人としなかった人の減量による変化の比較。＊減量に適応しなかった人にくらべて有意差がある。Bosy-Westphalら2009より作成

ているホルモンである。安静時代謝の低下が大きい「減量に適応した人」で、甲状腺ホルモン濃度の低下が大きい。

これらのことから示されるのは、摂取エネルギーを減らして減量するとき、代謝が低下する人ほど体重は減少しにくいが、除脂肪組織も減少しにくい、ということである。

野生の動物はいつでも食糧にありつけるとは限らない。食糧が不足した場合には代謝を下げることが生き残ることにつながる。筋肉はエネルギー消費が多い組織なので、エネルギーが不足した場合には、生存するのに必要な量まで減少・萎縮するのは合理的だと考えられる。スポーツでは、生物として必要のないほど筋肉を肥大させているのだろう。運動をやめると筋肉が減っていくが、そ

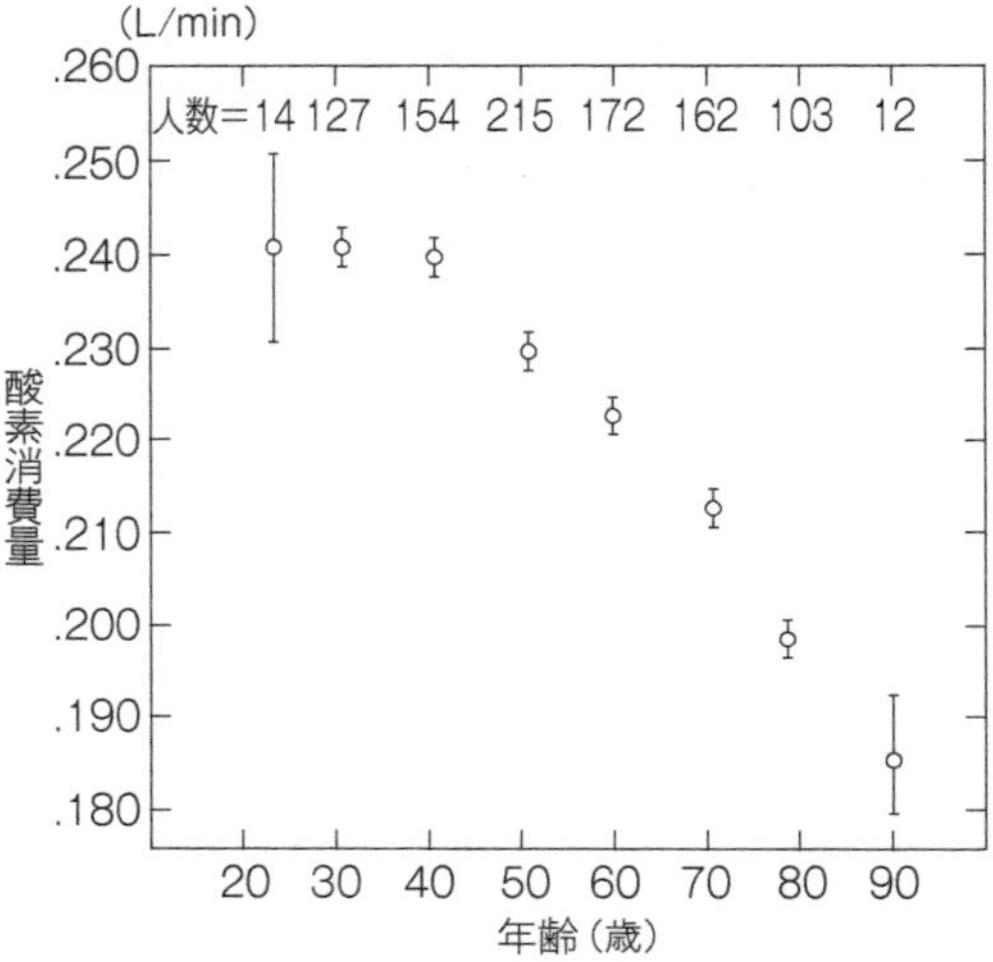

図5-3　基礎代謝量の加齢による変化。Tzankoffら 1977

れは当然のことといえる。

　飽食している人類は、恐らく地球の歴史上で初めて食糧過剰の状況で生きている生物だと思われる。減量で代謝が低下しない人は痩せやすいといえるので、食糧過剰に適応しているという意味で、より進化した人類と考える時代が来るかもしれない。

中年太りはなぜ起こるのか

　中年以降、人は太りやすくなる。これは、基礎代謝が減るためと考えられている。図5－3のように基礎代謝は40歳を過ぎる頃から大きく減少する。

　表5－3は、基礎代謝が低下することでどのくらい太りやすくなるかを計算したも

	20歳代	40歳代	変化
基礎代謝基準値 kcal/kg体重/日	24.0	22.3	−7%
基礎代謝量			
kcal/日	1,440	1,338	−102
kcal/年	525,600	488,370	−37,230
脂肪組織量に換算			*約5kg

*脂肪組織＝約7,000kcal/kg
→37,230kcal÷7,000kcal/kg ＝約5kg

表5-3　基礎代謝の減少と体脂肪の蓄積

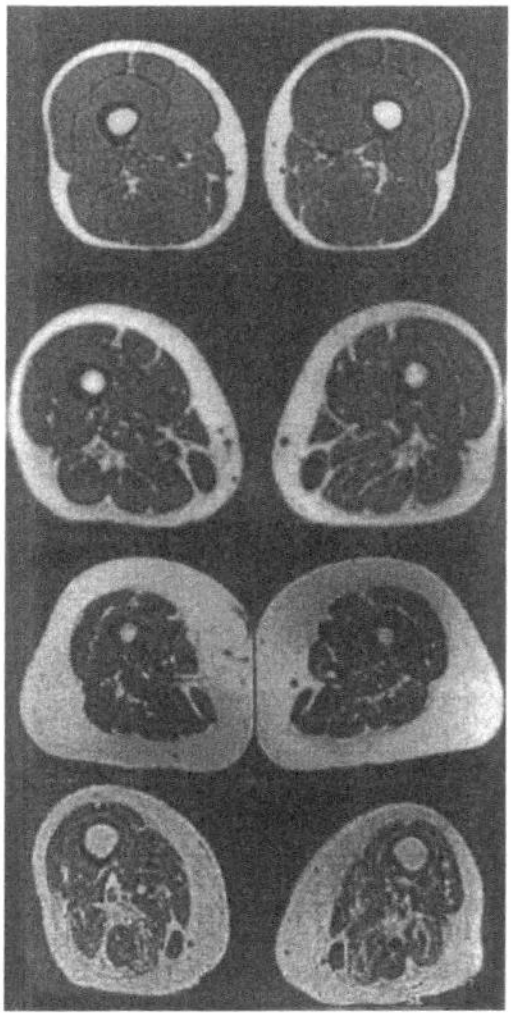

図5-4　加齢で筋肉が減少し脂肪が増加する（大腿の横断面）。Parise Gら2000

のである。

　基礎代謝基準値は40歳代になると20歳代よりも７％低下する。体重60kgの場合、基礎代謝は20歳代は１４４０kcal／日だが40歳代では１３３８kcal／日になり、１日あたり１０２kcal減少する。１年間に換算すると20歳代の52万５６００kcalから40歳代では48万８３７０kcalへ、３万７２３０kcalの減少である。

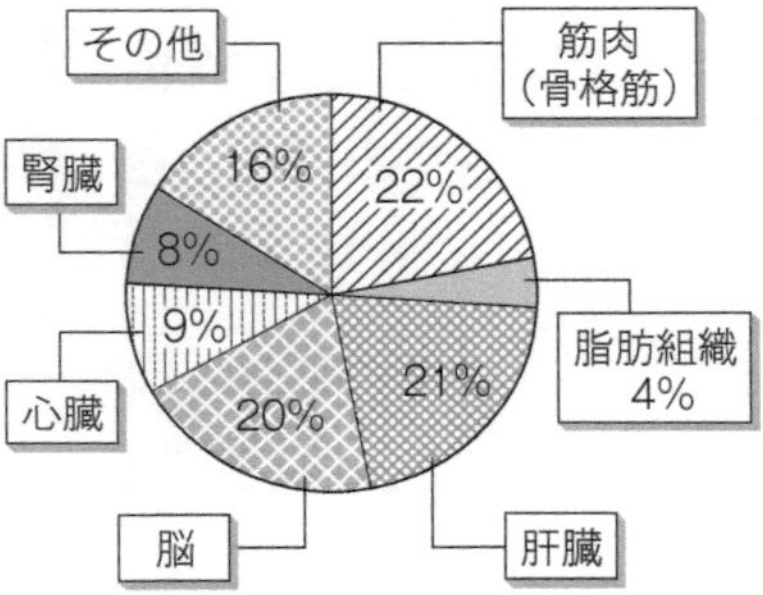

図5-5　各組織・臓器別のエネルギー消費量。健康運動指導士養成講習会テキストより作成

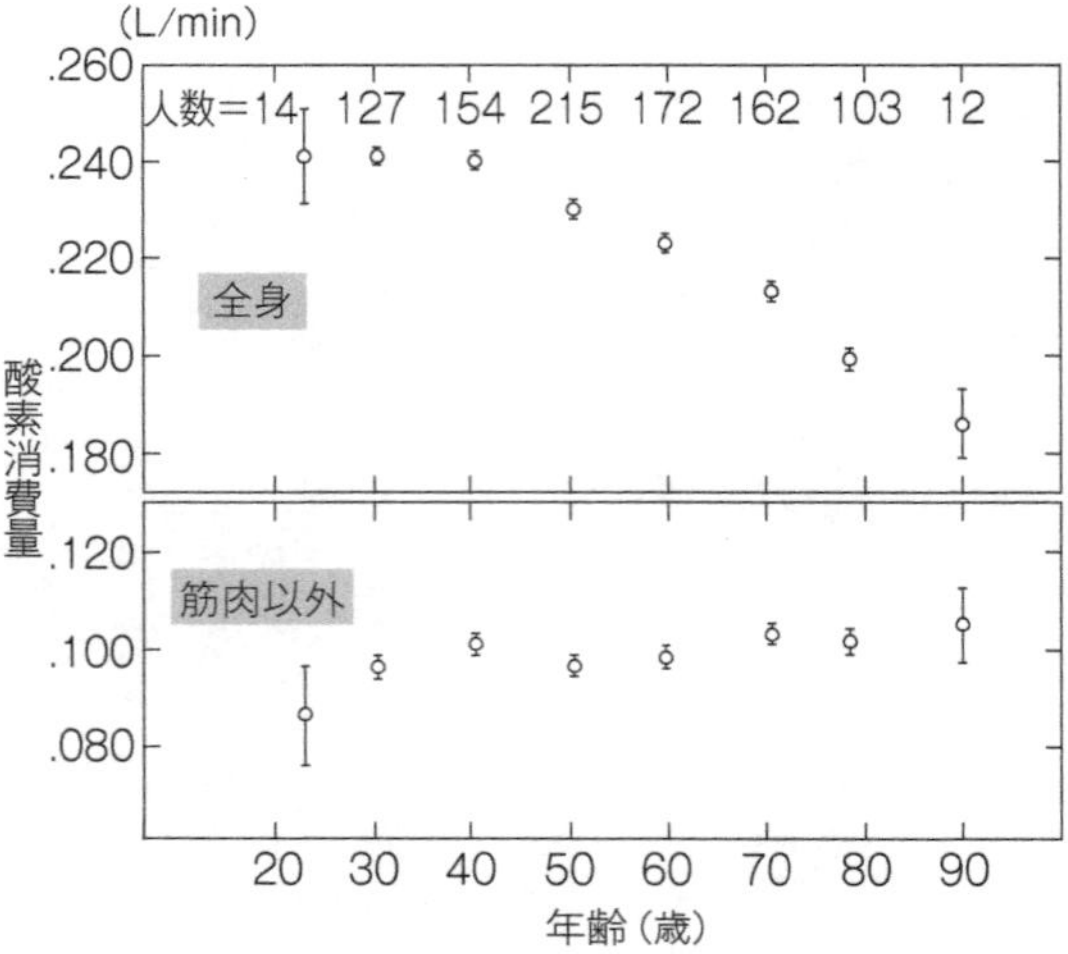

図5-6　年齢と代謝量。全身では減少するが筋肉以外では減少しない。Tzankoff SP ら 1977

40歳代になって20歳代と同じだけ食べていると、１年間に３万７２３０kcalのエネルギーが余ることになる。余ったエネルギーは脂肪になって蓄積する。脂肪組織は１kgあたり約７０００kcalなので、１年で約５kg体重が増えることになる。中年になると太りやすくなると感じるのは、気のせいではなく本当なのである。

中年以降の基礎代謝が低下する理由は、筋肉の減少と関係する。筋肉は加齢につれて減少する（図５－４）。そして、筋肉は基礎代謝に占める割合が大きい（図５－５）。さらに、筋肉以外の組織の代謝量は加齢で減少しない（図５－６）。これらのことから、中年以降の基礎代謝の低下は筋肉量が減ることが大きな理由と考えられる。

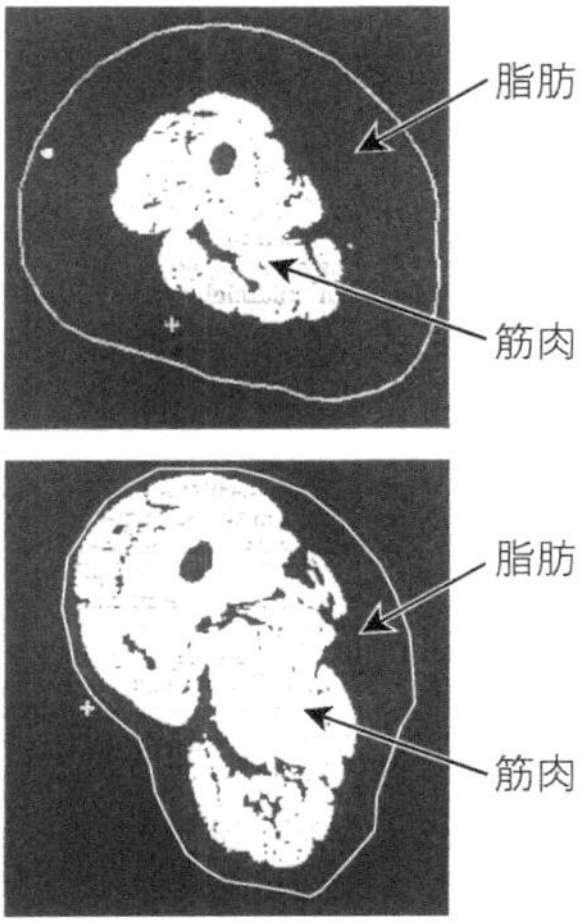

図5-7　大腿部の横断面。Fiatarone Mら1990

歳をとると誰でも同じように筋肉が減少するわけではない。図５－７は高齢者の大腿部の横断面だが、高齢でも自立歩行している人では大腿部の筋肉が多いのに対して、車椅子

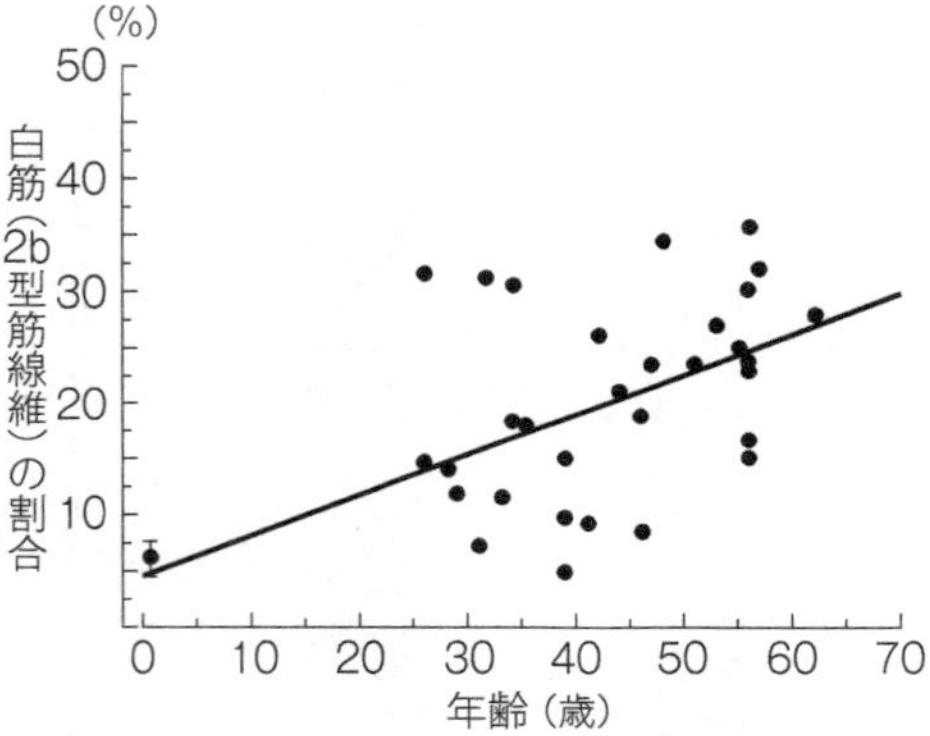

図5-8　加齢に伴って白筋（2b型筋線維）の比率が増える。Kriketos ADら1997

	赤筋	中間型	白筋
年齢	0.063	−0.480*	0.451*
体型指数（BMI）	−0.112	−0.282	0.437*
腹囲	0.002	−0.523*	0.491*
腹囲／臀囲比	0.045	−0.573*	0.438*

表5-4　年齢、体型指数（BMI）、腹囲、腹囲／臀囲比と筋線維の相関係数。＊有意な相関であることを示す。Kriketos ADら1997

の人では少ない。加齢にともない筋肉は減少していくが、日常生活で使っていれば減少しにくいことを示している。つまり、日常生活で筋肉を使うことによって、加齢による筋肉の減少を防ぐことができる。筋肉の減少を防ぐことは基礎代謝の低下を軽減し、太りにくくなることにも役立つと考えられる。特に大腿筋は、中年以降、減少しやすい筋肉である。ジム運動でもしっかり鍛えておくべき部位といえる。

人の筋肉には、色の赤っぽいもの（赤筋）と白っぽいもの（白筋）がある。動物や魚の肉と同様である。赤筋はエネルギー源として脂肪をよく利用し、収縮速度はそれほど速くないが長時間にわたって力を出し続けるのに向いている。遅筋ともいう。一方、白筋はエネルギー源として炭水化物をよく利用し、大きな力を短時間、発揮するのに向いている。速筋ともいう。

このような筋肉の特性は魚を思い浮かべると理解しやすい。長距離を泳ぎ続けるマグロやカツオは赤身なのに対して、普段はじっとしているが餌を獲るときには目にも止まらないほどのスピードで動くカレイやヒラメは白身である。

図5－8は加齢につれて白筋の割合が増えることを示している。そして、表5－4は白筋の割合と体型指数（ＢＭＩ）、腹囲、腹囲／臀囲比に正の相関関係があること、すなわち白筋の割合が多いことと太っていることに関係がある可能性を示している。中年以降の人が太りにくくなるためには、白筋を鍛えるような強度の高い短時間の運動よりも、強度は低くても長時間の運動をしたほうがいいのかもしれない。

太る体質の遺伝子

遺伝的に太りやすい人もいる。太りやすいことに関係しそうな遺伝子はいくつも見つかっているが、β3-アドレナリン受容体の遺伝子がよく知られている。「体質遺伝子」として測定している臨床検査会社もある。

アドレナリンは運動時に血中濃度が高まるホルモンで、心拍や血圧、血糖値を高めたり、脂肪組織に貯蔵されている脂肪を分解してエネルギー源の脂肪を筋肉へ供給する作用がある。

脂肪組織のβ3-アドレナリン受容体は、アドレナリンの刺激を受けて貯蔵脂肪を分解する。このため、β3-アドレナリン受容体の遺伝子に変異があると、脂肪組織がアドレナリンの作用を受けにくく、貯蔵脂肪が分解しにくいため痩せにくかったり太りやすかったりする。日本人は、この遺伝子に変異のある人が多いという研究報告もある。

痩せにくかったり太りやすかったりするのは飢餓に強いということなので、生物にとって良いことだといえる。しかし、エネルギー過剰になりやすい現代の先進国の人々にとっては良いことではない。生物にはエネルギー不足に対処する機構はいろいろと備わっているが、エネルギー過剰に対処する機構は進化の過程で必要性が高くなかったために備わっていないのだろうといわれている。

少食は太りやすくなる

減量には食事制限が重要だが、食事を制限し過ぎると太りやすくなる可能性がある。図5－9は、長距離ランナーを対象にした研究である。「適食」の人たちは消費エネルギー（約4000kcal）に見合ったエネルギーを摂取していたのに対して、「少食」の人たちの摂取エネルギーは消費エネルギーよりもかなり少ない。このようなエネルギーバランスだと「少食」の人たちは体重が減るはずだが、体重は維持していた。

なぜ「少食」で体重が減らなかったのかの理由が、図の右側に示されている。「少食」の人たちは24時間のエネルギー消費量や睡眠時のエネルギー消費量が少なかったのである。すなわち、トレーニング以外の時間帯の代謝量が低下した状態、言い換えれば「省エネ型」の体になっていた。「少食」の人たちは自発的な活動も減少していた。

冬眠する動物では、冬眠中は代謝が低下している。それと同じような変化が、少食にしている人に起きたということである。

「省エネ型の体」といえば聞こえはいいが、エネルギー消費量が減少しているので、摂取したエ

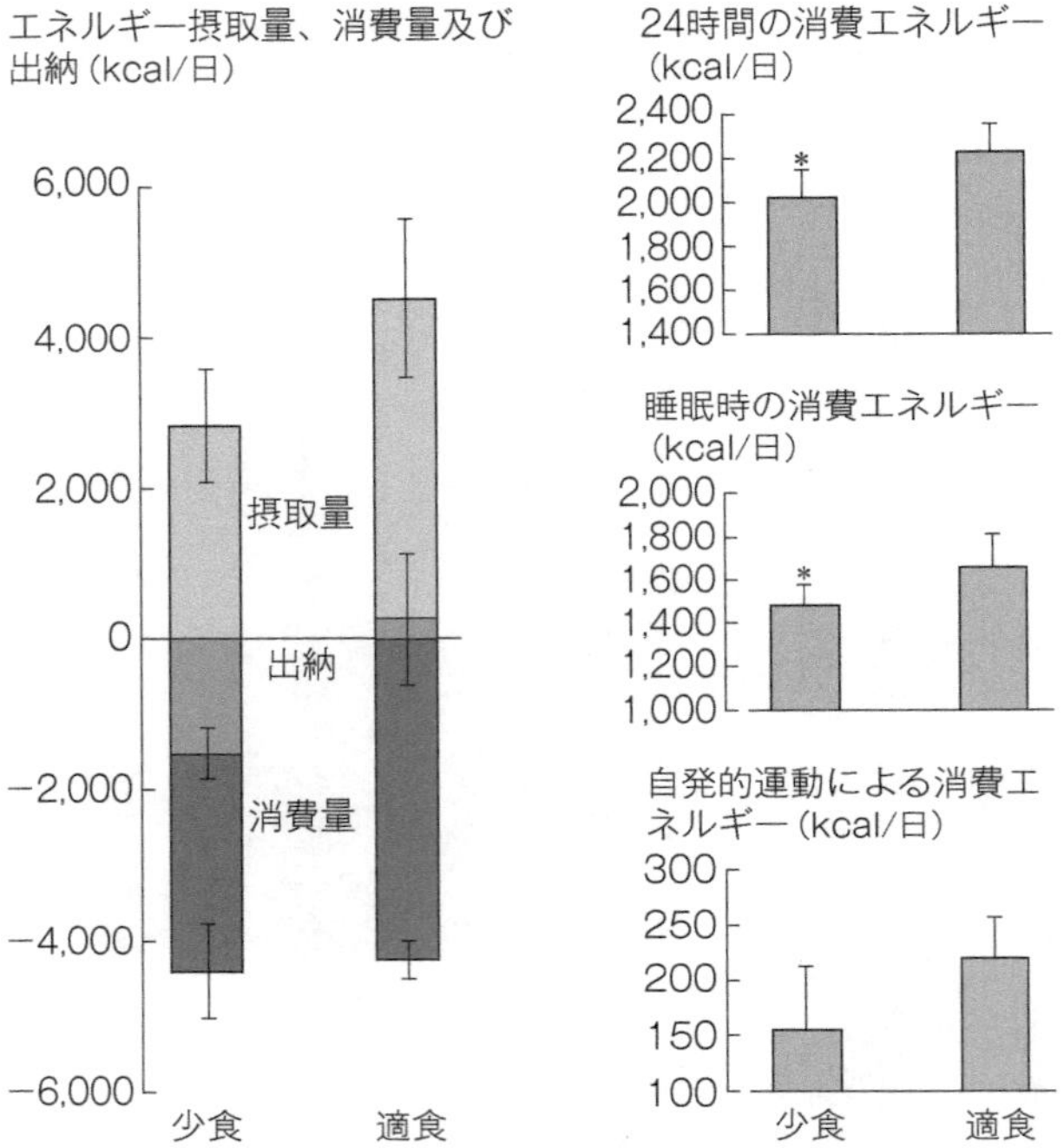

図5-9　ふだん少食だとエネルギー消費量が少なくなり「省エネ型」の体になる。＊適食と有意差がある。Thompson JL ら 1995 より作成

	前	後
体重（kg）	82.4±3.5	82.1±3.3
体脂肪率（%）	25.6±1.5	23.7±1.7*
除脂肪組織量（kg）	60.6±2.2	62.2±2.1*
安静時代謝（kcal/24h）	1,553±52	1,673±54

表5−5　16週間の筋力トレーニング前後の体重、身体組成及び安静時代謝。＊筋トレ前と有意差がある。Pratley R ら 1994

ネルギーが蓄積しやすい。つまり、太りやすくなっているといえる。極端な少食は勧められない。

太りにくい体にする

「太りにくい体にするには、筋肉を増やせば良い」と考えている人も多い。これは正しいのだろうか。正しいのならば、どのくらい筋肉を増やしたら、どのくらい太りにくくなるのだろうか。

表５－５は、中高年男性が16週間の筋力トレーニングをおこなって、その前後の体重や身体組成などを調べたものである。トレーニング前後で体重はほとんど変化しなかったが、体脂肪率は低下し、除脂肪組織量と安静時代謝は増加した。安静時代謝は１日あたり１２０kcal増加している。表５－３で見たように、１日あたりの代謝量が１０２kcal減少すると１年で体脂肪が５kg増加する。１日あたり１２０kcalの代謝量の増加は、１年間あたりでは４万３８００kcal増加することになる。体脂肪は１kgあたり約７０００kcalなので、トレーニング後には運

ジョギング	20〜25分
エアロビクスダンス	30〜40分
急ぎ足歩行	30〜45分
散歩	70〜110分

表5-6　120kcalの運動の例

動しなくても年間に６kg強の体脂肪が減少する体になったことになる。「太りにくい体にするには、筋肉を増やせば良い」というのは正しい。

では、１２０kcalのエネルギーを消費する運動とはどのようなものだろう。表５－６に、その一例を示した。毎日これだけの時間をかけて運動するのはもちろん良い。しかし、定期的な筋力トレーニングで筋肉を増やしておけば、時間がなくて運動できなかった日も、運動した日と同じようにエネルギーを消費できる。

筋力トレーニングというとボディービルのようなものをイメージされるかもしれない。しかし、太りにくい体にするにはボディービルダーのような体になる必要はない。中高年になって減ってしまった筋肉を、太りにくかった若い頃の量に戻せれば良い。体型・身体組成を若い頃と全く同じにすることはできなくても、それに近づけることを目標とする。

理想をいえば、毎日時間をかけて運動をしつつ、筋力トレーニングで代謝量を増やすことである。しかし、言うは易しで、「なかなか継続できない」とぼやく人も多そうだ。

第6章 ジム運動の前・中・後の栄養と摂取法

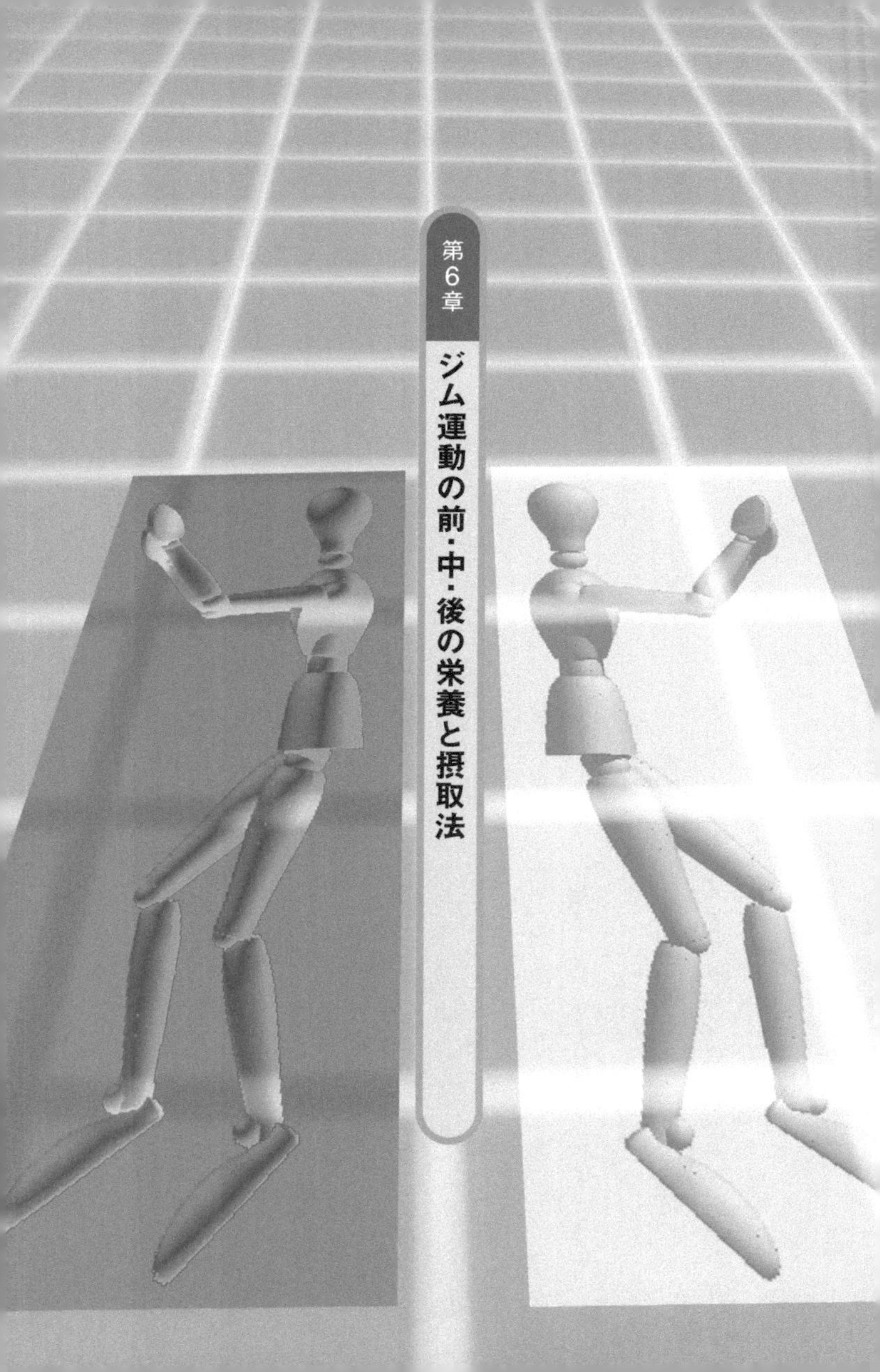

運動前に必要な栄養と摂取法

（１）水分

運動すると体温が上昇し発汗が起きる。それに備えるには、運動前にも水分を補給しておく必要がある。表６－１は、日本体育協会による運動時の水分補給の指針で、これによると、運動前の目安量は２５０～５００mlである。

水を５００ml飲むと体重は５００g増える。しかし、水にエネルギーはないから太ったということではない。体重管理のための運動の前でも水分は補給する。

（２）炭水化物

ご飯やパンなどに多く含まれるのが炭水化物である。運動前に炭水化物をどの程度摂取しておくべきかは、運動の目的や運動条件による。

体脂肪を減らすために運動するときを考えてみる。体脂肪がエネルギー源として消費されるには、食事から時間が経っていたほうが良い。食事で炭水化物を摂ると脂肪組織の貯蔵脂肪の分解が抑制され、運動のエネルギー源として炭水化物が利用されるようになるからである。したがっ

運動の種類・強度・持続時間			水分補給の目安	
運動の種類	**運動強度**（最大強度の%）	**持続時間**	**競技前**	**競技中**
トラック競技、バスケット、サッカーなど	75～100%	1時間以内	250～500ml	500～1,000ml/時
マラソン、野球など	50～90%	1～3時間	250～500ml	500～1,000ml/時
ウルトラマラソン、トライアスロンなど	30～70%	3時間以上	250～500ml	500～1,000ml/時 必ず塩分を補給

1. 温度条件によって変化するが、発汗による体重減少の70～80%を補給の目標とする。気温の特に高いときには15～20分ごとに飲水休憩をとることによって、体温の上昇が抑えられる。1回200～250mlの水分を1時間に2～4回に分けて補給。
2. 水温は5～15℃が望ましい。
3. 食塩（0.1～0.2%）と糖分を含んだものが有効。運動量が多いほど糖分を増やしエネルギーを補給。1時間以上の運動では4～8%の糖分を含んだものが疲労の予防に役立つ。

表6-1　運動強度と水分補給の目安。スポーツ活動中の熱中症予防ガイドブック，日本体育協会

て、痩せるため、あるいは太らないために運動する場合で、運動できないほど空腹でなければ、運動前に炭水化物を摂る必要はない。

しかし、あまりに空腹だと運動できないし、脂肪をエネルギー源として消費するためにも、炭水化物が必要である。また、強度が高く時間の長いトレーニングをする前には、血糖値の低下というエネルギー切れにならないように炭水化物を補給したほうが良い場合もある。トレーニング中に空腹感が強くて運動できなくなるような場合が該当する。

とはいえ、たとえば夕方に運動する

として、昼食を食べていなかったり、量が極端に少なかったりしない限り、運動前に炭水化物が不足していることはまれだろう。

運動直前に多量の炭水化物を摂ると、運動開始後に血糖値が低下する場合があるとの研究もある。炭水化物を摂ることで分泌されるインスリンと運動の両方に、血糖値を下げる作用があるためである。しかし、これは誰にでもいつでも起こるわけではないので気にし過ぎる必要はない。

もし、運動前に炭水化物を食べるのであれば、果糖（フルクトース）を摂るのが良い。果糖は、砂糖やブドウ糖などの他の炭水化物にくらべて血糖値を急上昇させずインスリンの分泌も刺激しない。そのため脂肪組織の脂肪分解を抑制しにくいし、運動開始後の低血糖も起きにくいと考えられる。体脂肪を減らそうとして運動しているときや、低血糖が気になるなら、砂糖やブドウ糖よりも果糖を摂ったほうが良いともいえる。果糖というと、その漢字から果物に含まれている炭水化物だと思われるかもしれない。しかし、果物の糖分はすべてが果糖というわけではなく砂糖やブドウ糖も含まれている。このため、果物を食べると血糖値は上昇し脂肪分解も抑制される。血糖値を上昇させたくなかったり、脂肪分解を低下させたくない場合には、炭水化物として果糖だけを含んだスポーツドリンクなどを利用することになる。

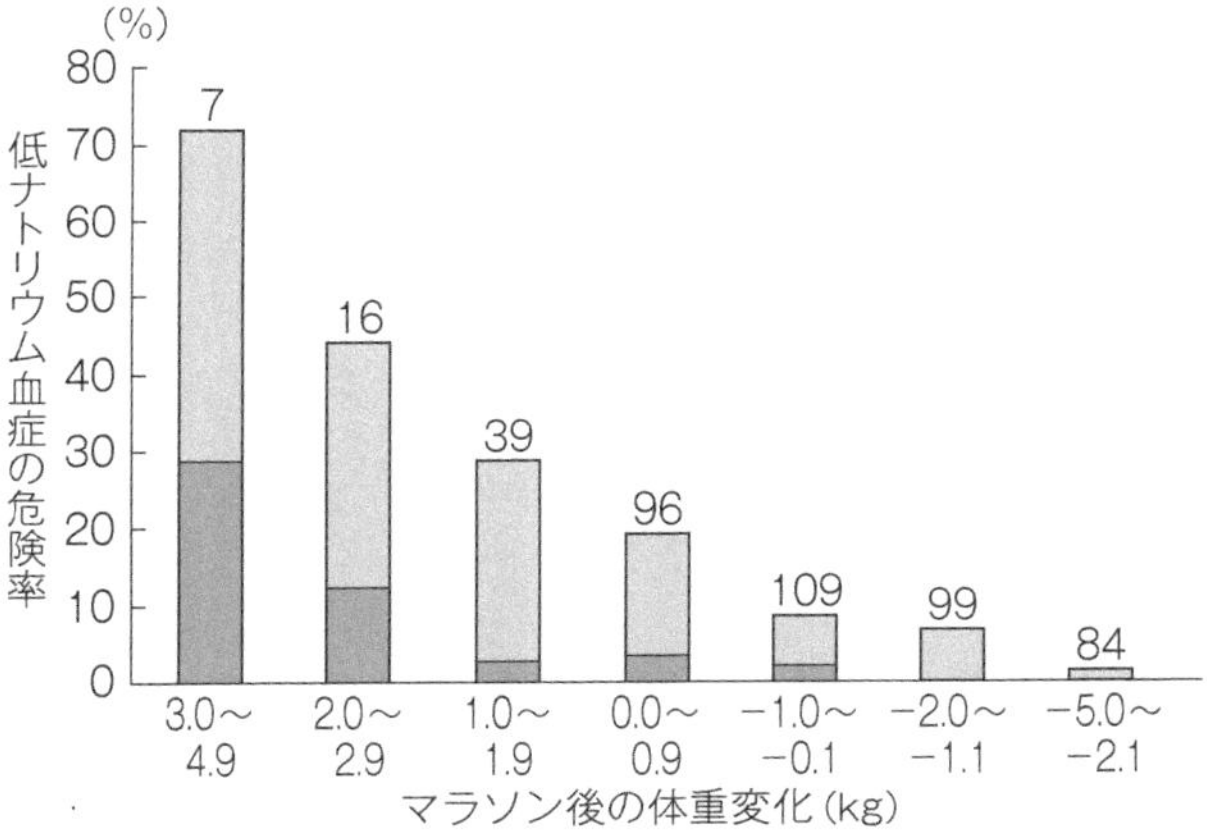

図6-1　マラソン後の体重増加が大きいほど低ナトリウム血症の危険性が高い。グラフ上部の数字はそれぞれのカテゴリーの人数、グラフの濃い部分は重篤な低ナトリウム血症の割合。Almond CS ら 2005

運動中に必要な栄養と摂取法

（１）水分

運動中の発汗量は個人差が大きい。運動中の水分摂取は発汗量によって異なるが、表６－１のように１時間あたり５００〜１０００mlが目安とされている。目安量は一度に飲むのではなく、コップ１杯程度ずつ何回かに分けて飲む。

運動中に発汗などで体から失われた水分の量は、体重減少量とほぼ等しい。体重が１kg減少していたら水分は１L失われている。運動中には失われた水分量をできるだけ補給するのが望ましいとされているが、少なくとも運動中の体重の減

	発汗量（g/kg体重/時間）	飲用量（g/kg体重/時間）	飲用量/ 発汗量（%）
水道水	10.64	5.83	54.8
スポーツドリンク	11.35	7.43*	65.5

*$P < 0.05$ vs. 水道水

表6-2　トレーニング中の発汗量と自発的飲用量。中井ら1994

少が２％以上にならないように水分を補給する。体重が60kgの人では１・２kgが２％に相当する。理想をいえば、体重を測定しながら水分補給するのが科学的といえる。

一方、飲み過ぎにも気をつけなければならない。運動中に体重が増えるほど水を飲むべきではない。血液中のナトリウム濃度が低下し過ぎる低ナトリウム血症の危険性があるためである。低ナトリウム血症は、重篤な場合は意識がなくなったり死亡したりすることもある。図６－１は、マラソンのレース後に体重が増えている人ほど低ナトリウム血症の危険性が高かったことを示している。レース後に体重が増えたのは、汗などで失われた水分よりも多くの水分を補給していたためとされている。

（２）食塩

発汗で水分とともにナトリウムも失われる。したがって、ナトリウムを含んでいない飲料で水分を補給すると血中ナトリウム濃度が低下してくる。

表6－2は、トレーニング中に水道水あるいはスポーツドリンクを自由に飲んだときの発汗量と飲用量を調べた結果を示している。発汗量には2つの飲料を飲んだときで差がなかったが、飲用量はスポーツドリンクのほうが多かった。スポーツドリンクが食塩（塩化ナトリウム）を含んでいたことが理由と考えられる。水分補給に食塩が必要な理由は後述するが、生理的に望ましい濃度は0・2％程度である。市販スポーツドリンクの食塩濃度は0・1％前後なので、生理的な必要量よりも低い。「スポーツドリンクはうすめたほうが良い」といわれることがあるが、それは正しくない。

この研究で注目すべきことは、欲しいだけ飲んだにもかかわらず、スポーツドリンクでも発汗量の65％ほどしか水分を補給していないことである。喉の渇きがなくなっても水分は十分に補給されていないということを意味している。運動中に体重が増えるほど水を飲むべきではない、と先ほど書いたが、実際にはそれを意識する必要性は小さく、むしろ補給不足に気をつけるべきだろう。

市販のスポーツドリンクには食塩が含まれているが、その濃度は汗よりも低い。このため、スポーツドリンクでも運動中に体重が増加するほど飲むと、血中ナトリウム濃度は低下する。

飲料の炭水化物濃度（%）	1時間あたりの炭水化物補給量 30g	40g	50g	60g
2	1,500ml	2,000	2,500	3,000
4	750	1,000	1,250	1,500
6	500	667	833	1,000
8	375	500	625	750
10	300	400	500	600
15	200	267	333	400
20	150	200	250	300
25	120	160	200	240
50	60	80	100	120

表6-3 網掛けで示した量の、炭水化物濃度が4～8％の飲料を飲用すると、1時間あたりに必要な30～60gの炭水化物と600～1,000mlの水分を補給できる。市販のスポーツ飲料の炭水化物濃度は5～6％程度のものが多い。Coyle EFら1992

（3）炭水化物

第2章「エネルギー補給」（図2－2）で述べたように、長時間の運動では血糖値の低下を防ぐために炭水化物補給が必要なことがある。このため、スポーツドリンクには砂糖やブドウ糖などの炭水化物が含まれている。

炭水化物をスポーツドリンクで摂れば、水分もいっしょに摂ることができる。運動中の水分補給のめやすは1時間あたり５００～１０００mlである。炭水化物は1時間あたり30～60g補給すると血糖値の低下を防止する。

表6－3は、飲料の炭水化物濃度と1時間あたりの炭水化物補給量の関係を示

糖　類	砂糖	
	でんぷん由来の糖	ブドウ糖、麦芽糖、果糖、水飴、異性化糖、イソマルトオリゴ糖
	その他の糖	フラクトオリゴ糖、ガラクトオリゴ糖、キシロオリゴ糖、乳化オリゴ糖、大豆オリゴ糖、ラフィノース、トレハロース、乳糖
	糖アルコール	ソルビトール、マンニトール、マルチトール、還元水飴、還元パラチノース、キシリトール、エリスリトール
非糖類	天然甘味料	ステビア、甘草（グリチルリチン）
	人工甘味料	サッカリン、アスパルテーム、アセスルファムカリウム、スクラロース

表6-4　主な甘味料

したものである。網掛けの部分は、水分と炭水化物の両方の必要量を適切に補給できるところを示している。たとえば、炭水化物濃度６％の飲料を１時間あたり１０００ml飲めば、水分は１０００ml、炭水化物は60g補給できる。このため、世界中のスポーツドリンクの炭水化物濃度は４〜８％に調製されている。日本のスポーツドリンクの炭水化物濃度は５〜６％のものが多い。スポーツドリンクの炭水化物濃度は、このような科学的な根拠に基づいている。希釈して飲んだほうが良いといわれることがあるが、前述の食塩と同様、スポーツ栄養学的な根拠はない。

参考までに、果汁のジュースやソフトドリンクはスポーツドリンクの約2倍の10％前後の炭水化物を含んでいる。トレーニングに影響しなければ果物などで炭水化物を補給しても良い。
「スポーツドリンクは砂糖が多い」などと敬遠する人もいる。飲料に用いられる甘味料には表6－4のようなものがある。この表で「砂糖」と「でんぷん由来の糖」以外の甘味料は、低カロリーやゼロカロリーの飲料に用いられている。これらの甘味料には血糖値の低下を防止する作用はないので、血糖値が低下することがあるような激しいトレーニングでは、これらの甘味料を含んだ飲料は望ましくなく、砂糖やでんぷん由来の糖が入ったものが良い。

一方、痩せるための運動では、余分なエネルギーは摂らないほうが良いので、これらの甘味料を使った飲料でも良い。ただし、痩せるための運動でも発汗量が多いときの水分補給では、塩分は必要である。

運動後に必要な栄養と摂取法

（1）水分

運動後に体重が減ると「脂肪が減った」と喜ぶ人がいるが、残念ながらそれはぬか喜びである。運動後に減少した体重のほとんどは水分である。

運動すると体に貯蔵されている脂肪やグリコーゲンがエネルギー源として消費される。体重60

kgの人が5km走ると約300kcalのエネルギーを消費する。この消費エネルギーの半分の150kcalが体脂肪から供給されたとすると、脂肪は1gあたり9kcalなので、消費された重量は17gである。5kmのジョギングをした直後の体重はもっと減っているから、運動後の体重減少は体脂肪ではなく水分の減少によることが分かる。

運動中には体重が増えるほど水分補給しないほうが良いが、運動後は体重減少量よりも少し多めに補給する。運動中に体内で生産された代謝物などの尿中への排泄を促進するためである。ただし、運動後には食事をすることが多いので、水分の摂り過ぎで食事が食べられなくなったりしないように注意する。

水分にはエネルギーはない。したがって、減量や太り過ぎの予防のために運動した後にも水分は十分に補給したほうが良い。

水分が十分に補給されたかどうかは尿の色で知ることができる。補給が不十分な場合は尿の色は濃いが、十分に補給されるとうすくなる。

（2）食塩

図6－2は暑い環境下で脱水させたラットに、水道水あるいは食塩水を自由に摂取させた実験

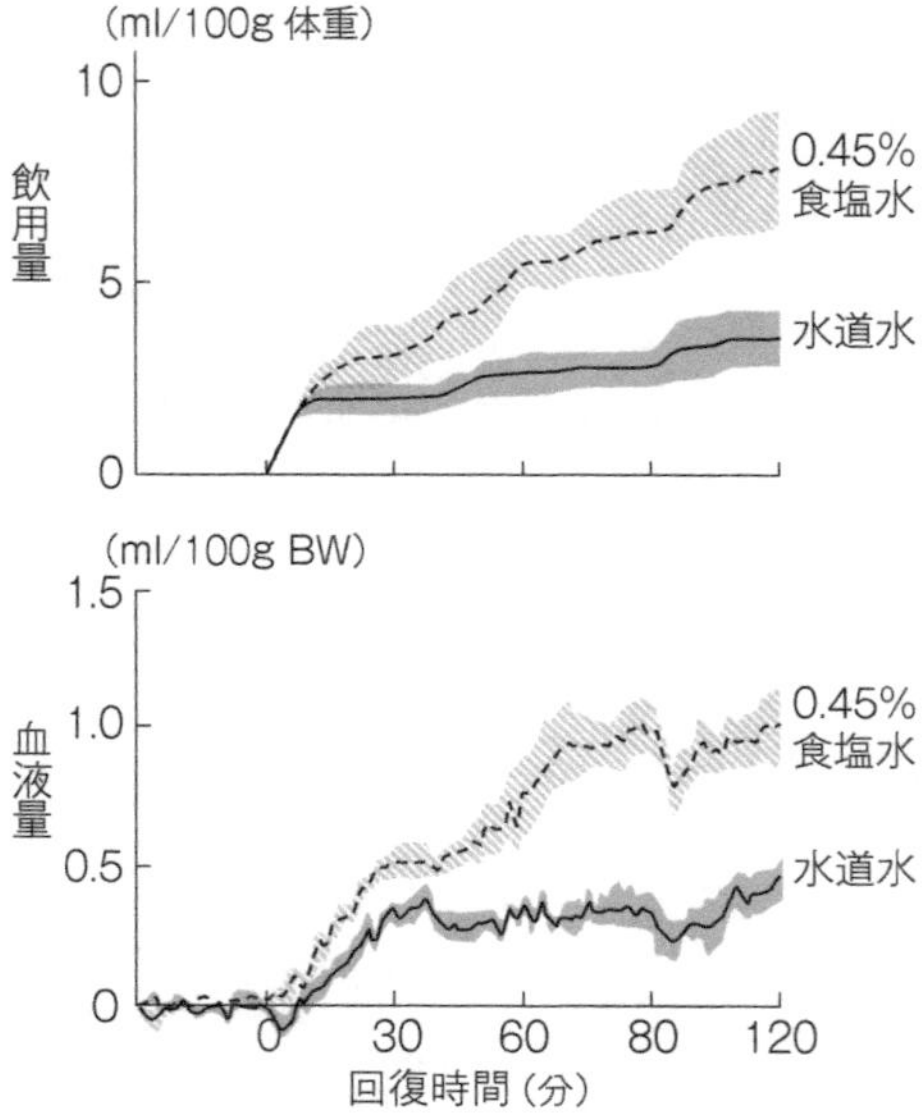

図6-2　脱水後の血液量の回復は食塩水のほうが良好（ラット）。Nose H ら 1986

結果である。食塩水を与えられたラットは回復期間中、飲み続けているのに対して、水道水を与えられたラットは途中から飲まなくなっている。その結果、血液量は食塩水を飲んだラットのほうが水道水を飲んだラットよりも回復している。

図6－3は食塩水のほうが血液量の回復に効果的だった理由を示している。脱水すると体の水分と塩分の両方が減少する。塩分を含まない飲料を飲むと、水分が吸収されて血液の水分は増える。しかし、塩分は供給されないので血中の塩分濃度が低下する。血中の塩分濃度が低下し過ぎた状態の低ナトリウム血症は危険なので、無意識のうちに飲水行動が停止する。さらに、余分な水分を尿として排泄して、血中ナトリウム濃度が下がらないようにする。この、体

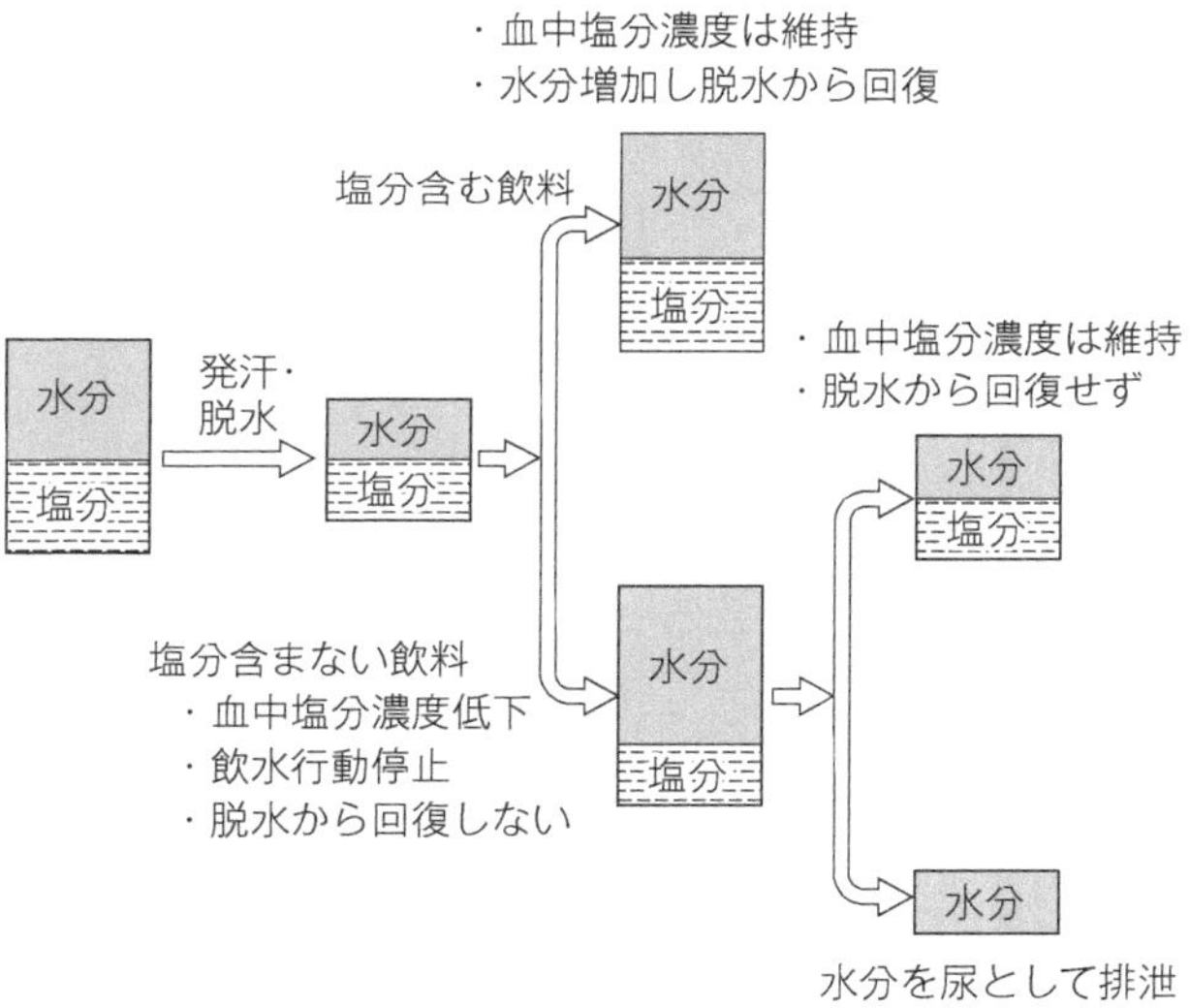

図6-3　自発的脱水。飲水行動が停止し余分な水分を排泄する仕組み。岡村ら2011

に備わった低ナトリウム血症にならないようにする仕組みを「自発的脱水」という。塩分を含む飲料を飲むと水分と塩分の両方が吸収され、血中塩分濃度が保たれた状態で血液量が回復する。図6－2の実験結果には、この「自発的脱水」が反映されている。

摂取する食塩水の望ましい塩分濃度は、脱水後12時間、いくつかの濃度の食塩溶液をラットに与えて回復を調べた研究結果（図6－4）から0・2％程度とされている。体水分量を示す体液バランスが、水道水で脱水前の「0」に回復していないのは、「自発的脱水」のためである。一方、2・0％

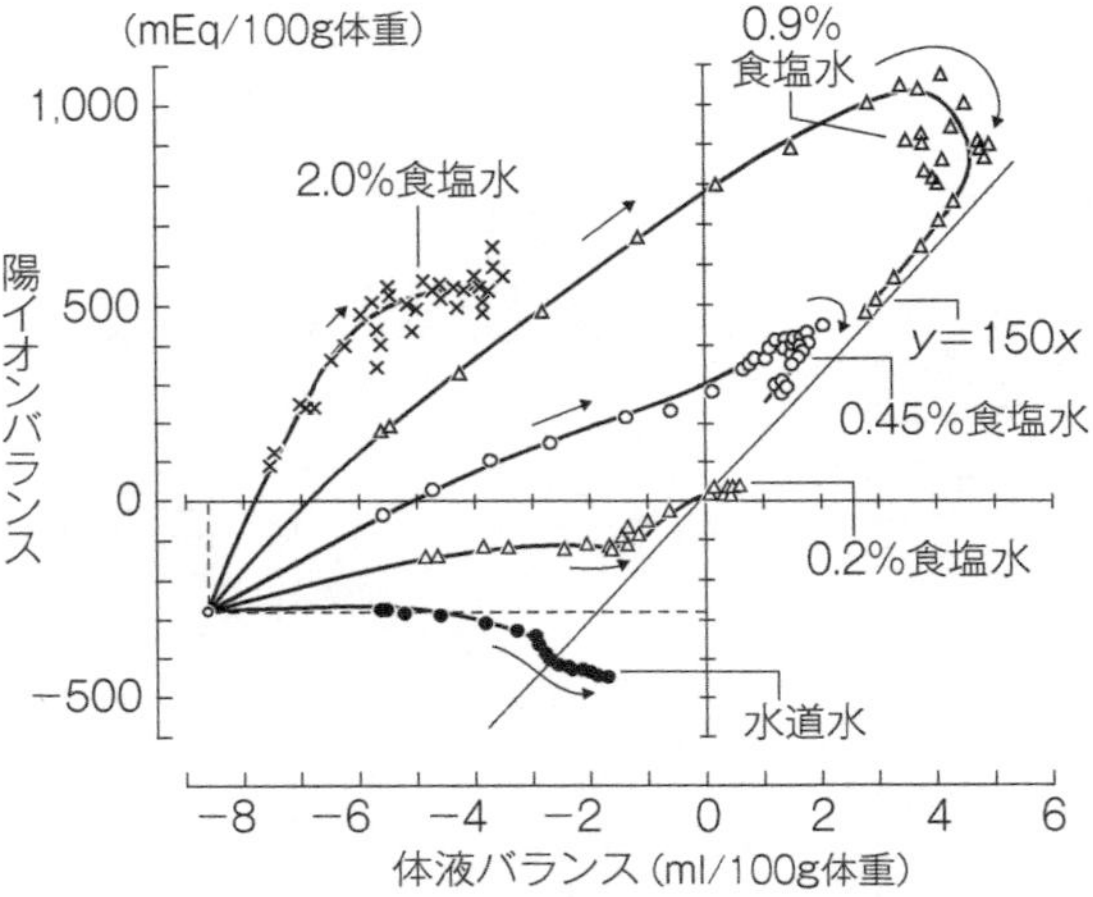

図6-4　0.2％の食塩水が脱水からの回復に最も効果的（ラット）。Okuno T ら1988

の食塩水では濃度が濃過ぎて回復しない。海水のナトリウム濃度はおよそ3％なので、海水では水分補給できないことを示している。飲料の塩分濃度はうす過ぎても濃過ぎても良くない。

運動後の食べ物は、食塩が摂れるようなものにすると良い。汗をかいたら塩味のものが美味しいのは、体が塩を必要としているからだろう。

（3）炭水化物

運動時の主要なエネルギー源の一つは筋肉や肝臓のグリコーゲンである。運動中に消費されたグリコーゲンを回復するために、運動後は炭水化物を十分に摂る必要がある。炭水化物はご飯、パン、麺類などの主食に豊富に含まれているほか、果物や菓子、ソフトドリンクからも摂れる。

グリコーゲンの回復のために、運動後は早めに炭水化物を補給したほうが良い。とはいっても、運動後にソフトドリンクや菓子を摂り過ぎると食事が食べられなくなる。運動後には後述の筋肉合成なども高まるので、そのためのたんぱく質の補給も重要である。したがって、食事が食べられなくなるほどソフトドリンクや菓子類を摂るのは好ましくない。

痩せるための運動ではエネルギー摂取量は制限するのが原則である。そのため減量時には脂肪の多い食品は控えたほうが良いが、炭水化物は制限し過ぎないようにする。菓子やソフトドリンクは控えても、主食は食べ過ぎない程度には食べる。

（4）たんぱく質

筋力トレーニングは、筋肉たんぱく質の合成を刺激して筋を肥大させる。持久的なトレーニングではエネルギー生産が増大し、エネルギー生産に関わる酵素たんぱくの合成が刺激される。

筋肉などの体たんぱく質は、合成と分解が同時に進行している。筋肥大は合成が分解を上回った場合に起きる。運動中、体たんぱく質は分解が優勢である。運動後は分解が低下するが、合成が分解を上回った状態になるためには、体たんぱく質合成の材料となるたんぱく質が補給される必要がある。

摂取したたんぱく質が体たんぱく質の合成に利用されるためには、エネルギーが充足している必要がある。エネルギー摂取量が不足していると、摂取したたんぱく質はエネルギー源として消費されてしまい体づくりに利用されない。したがって、運動後にはたんぱく質だけでなくエネルギーも不足しないようにしなければならない。

減量のために運動している場合は、意図的にエネルギーが不足した状態にする必要がある。炭水化物や脂肪の摂取量を減らして摂取エネルギーが不足すると、たんぱく質がエネルギー源として利用される。そのため、体たんぱく質合成のためのたんぱく質が不足してしまい、筋肉がつきにくくなり除脂肪組織が増えない。減量のための運動ではいっそう、たんぱく質が不足しないように気をつける必要がある。運動後はたんぱく質補給を早めにすると、運動後の体たんぱく質合成はより高まる。

（5）その他の栄養成分

摂取した炭水化物をグリコーゲンに合成したり、たんぱく質を筋肉合成に利用したりする代謝

	18〜29歳 女性の1食の必要量	ヨーグルトなし	ヨーグルトあり
エネルギー（kcal）	769	765	828
たんぱく質（g）	18.8	25.9	29.0
脂質（g）	19.2	15.6	16.7
炭水化物（g）	130.2	124.1	134.3
カルシウム（mg）	225	229	311
鉄（mg）	4.5	3.9	3.9
ビタミンA（μg）	225	230	230
ビタミンB_1（mg）	0.41	0.50	0.52
ビタミンC（mg）	38	38	38

表6-5　成人女性の１食分の必要量と鍋料理の栄養価

には種々のビタミンなどが関係している。運動後の回復に必要な代謝を円滑に進めるためには、特定の栄養素や食品を摂るよりも、多くの栄養素を含んだ食事を摂るのが合理的である。また、食事は運動後早めに摂ると、その栄養学的な効果が高い。

（6）運動後の食事

ここまで述べてきた運動後に摂るべきものを、すべて摂ることができるのは食事である。運動の目的が減量であれ、持久力の向上であれ、筋力の増強であれ、必要な栄養成分は同じである。違うのはその量、すなわちエネルギーだと考えれば良い。

運動後の食事で勧められるのは鍋料理である。鍋料理は簡単だし、主菜と副菜を同時に摂ることができるし、必要なエネルギーに応じて食べる量を調整しやすい。

表6－5は、ご飯を茶碗2杯弱と豚肉、豆腐、小松菜、もやしの鍋を卵にからめて食べたときに摂れる栄養成分と、18～29歳の女性の1食での必要量とを示したものである。この食事で、必要な栄養成分が摂れることが分かる。ヨーグルトはカルシウムの補給のことも考えて、食後のデザートとして加えているが、ヨーグルトはなくてもカルシウムは足りている。

エネルギー摂取量を増やしたければ豚肉の脂身の多いところを使うなど、食材を選択することで調整できる。エネルギーを少なくしたい場合は野菜やきのこなどを増やして、肉や魚は脂肪の少ないものを使えば良い。

一つの鍋を囲んで、エネルギーやたんぱく質をたくさん摂りたい人はたくさん食べれば良いし、エネルギーを制限したい人は少なめに食べれば良い。炭水化物摂取量はご飯の量で調整する。鍋料理は「意外に悪くない朝食」の夕食版ともいえる。

食事のエネルギーを調整するときは、食材の脂肪の量と調理方法に気をつける。たとえば肉を調理するとき、エネルギーを多く摂りたければ、ころもをたっぷりとつけて揚げると良い。逆にエネルギーを摂りたくなければ、網焼きにして脂肪を落としたり、蒸したり茹でたりする。茹でた場合には茹で汁は摂らないようにする。

第7章 ジム運動する人の日常の栄養摂取と食事法

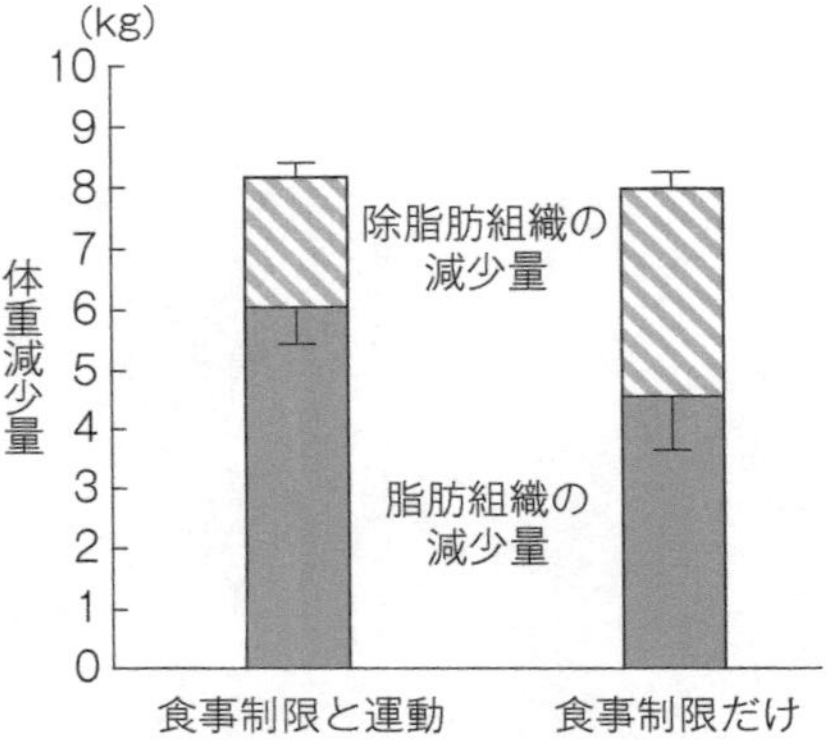

図7-1　食事制限に運動を併用したほうが、①脂肪組織の減少が多く②除脂肪組織の減少が少ない。Hill JO ら 1987

ダイエット・体重管理が目的の場合

（1）運動すると脂肪組織がより減少する

太り過ぎ・肥満というのは単に体重が重いことではなく、体脂肪が多過ぎることをいう。したがって、ダイエットをするのならば、体重を減らすだけでなく過剰の体脂肪も減らす必要がある。

体重が減少する場合、体脂肪だけでなく筋肉などの除脂肪組織も減少することがあることは第5章で述べた。図7－1は、食事制限だけで減量した場合と、食事制限に運動を組み合わせて減量した場合の比較である。食事制限だけで減量したときは体重減少の55％ほどが脂肪組織で残りの45％ほどが除脂肪組織だったのに対して、食事制限に運動を併用したときは70％ほどが脂肪組織で30％ほどが除脂肪組織だった。このように、運動をしながら減量するとより多くの脂肪組織が減少し、除脂肪組織の減少は少ない。

除脂肪組織が減少すると基礎代謝が低下して太りやすくなる。図７－１は、運動しないで食事制限だけで減量すると太りやすくなることを示している。食事制限だけの減量を繰り返すと、痩せにくくなり太りやすくなるといわれることに関係している。

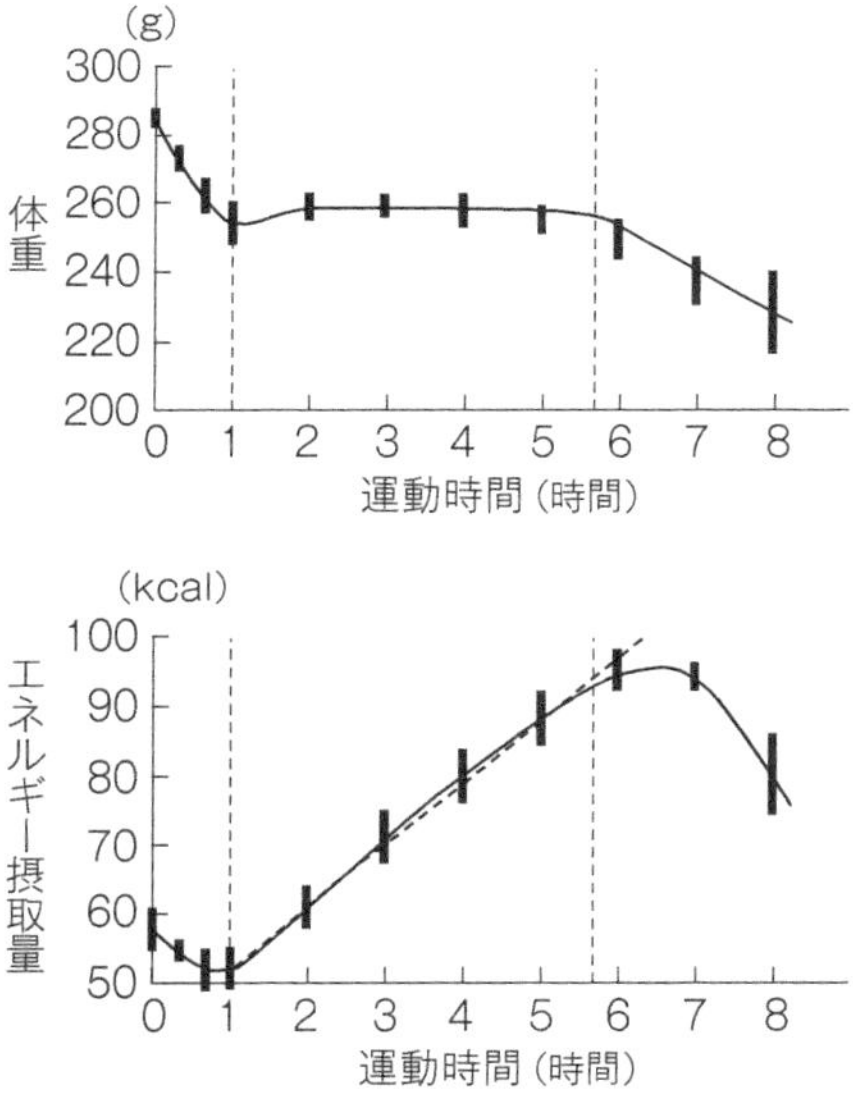

図7-2　身体活動量と体重及びエネルギー摂取量の関係（ラット）。Mayer J ら 1954

（２）運動と食欲

減量するときには運動して除脂肪組織を減らさないようにし、基礎代謝を低下させないことが重要だ。しかし、運動すれば食欲が高まって食べ過ぎるのではないか、と思われるかもしれない。

確かに運動するとおなかが減ることはある。しかし、運動すると必ず食欲が高まるわけではない。図７－２は、全く運動させないラットよりも、1日に40～60分の運動をさせたラットのほうが自発的なエネルギー摂取量（摂食量）が少なかったことを示している。1日の運動時間が6時間くらいまではエネルギー摂取量が増えた。しかし、さらに長時間の運動をさせるとエネルギー摂取量は減った。過労で食欲が低下したのである。

体重については、1時間くらい運動させたラットが、運動してエネルギーを消費したのにエネルギー摂取量が少なかったため、全く運動させなかった場合よりも軽い。運動時間が1～6時間は、消費エネルギーの増加に見合ったエネルギーを摂取したので、体重は一定である。6時間以上の運動をさせた場合は、エネルギー摂取量が不足したため体重は減少している。つまり、全く運動しないよりも少し運動したほうが食欲が低下し、運動によるエネルギー消費の増加とあいまって、体重が軽かったということである。

ラットではなく、人ならばどうだろうか。

図7－3は、人を対象にして仕事の強度と自発的なエネルギー摂取量の関係を調べた結果を示している。ラットでの実験結果と同様に、少し体を動かす仕事をしている人で摂取エネルギーが少なく、体重は体を動かさない人よりも軽い。

第5章の図5－1に示したように、脂肪組織は1kgあたり約7600kcal、除脂肪組織は約10

５０kcalなので、体重が減ったときに、それぞれの組織の減少量・減少割合によって体からなくなったエネルギーは異なることになる。体重が１kg減ったとき、すべてが脂肪組織の減少なら７６

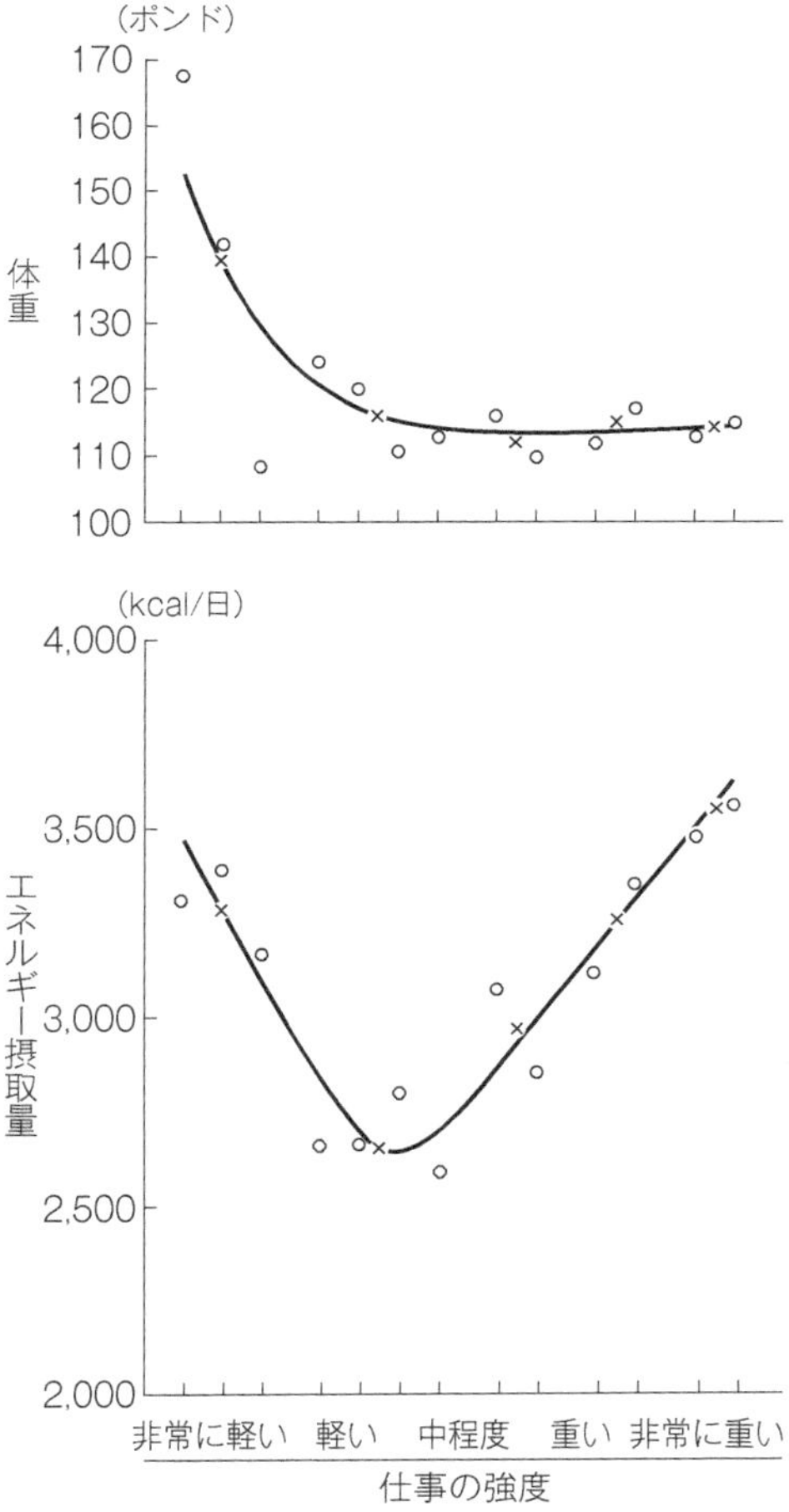

図7-3　身体活動量と体重及びエネルギー摂取量の関係。Mayer J ら 1956

００kcal、除脂肪組織なら１０５０kcal、半々なら４３２５kcalのエネルギーが体からなくなった計算になる。脂肪組織を減らすほうが除脂肪組織を減らすよりも多くのエネルギーを不足させる必要があるということである。理論的にはエネルギーをあまり制限しなくても体重が減った場合には、除脂肪組織の減少量が大きい。

食事の量を減らさず、これといった運動もしないで体重が減った場合は、筋肉が落ちたと考えたほうがいいということである。

（３）エネルギーはどのくらいまで減らしてもいいのか

女子アスリートが体重を増やさないために摂取エネルギーを制限し過ぎると、月経不順や無月経になることがある。無月経では、女性ホルモンが減少した閉経後と似たホルモン状態になる。このため、閉経後の女性の健康問題である更年期障害で見られる骨密度の低下が、無月経の長距離ランナーで観察されることがある（Drinkwaterら）。

このように、ダイエットが目的であっても摂取エネルギーを制限し過ぎるのは良くない。どのくらいまでエネルギーを制限して良いのかの考え方の一つとして「Energy Availability」という考え方がある。エネルギー摂取量からトレーニングで消費するエネルギーを差し引いたもので、

■トレーニング以外で利用できるエネルギー
＝（総摂取エネルギー）－（トレーニングで消費するエネルギー）

■トレーニング以外で利用できるエネルギーが30kcal/kg除脂肪体重（FFM）を下回ると、
・代謝やホルモン機能に障害、運動能力や成長、健康に悪影響
・女性では生殖機能の障害や月経不順
・男性アスリートにも悪影響

■トレーニング以外で利用できるエネルギーが少ない例
・体重60kg、体脂肪率20％の女性の除脂肪体重→48kg
・摂取エネルギーを1,800kcalに制限
・1時間のトレーニングで500kcal消費
・利用可能エネルギーは1,800kcal－500kcal＝1,300kcal
・利用可能エネルギーは1,300kcal÷48kg＝27kcal/kg FFM

表7-1　トレーニング以外で利用できるエネルギーが除脂肪組織1kgあたり30kcal以下にならないようにする

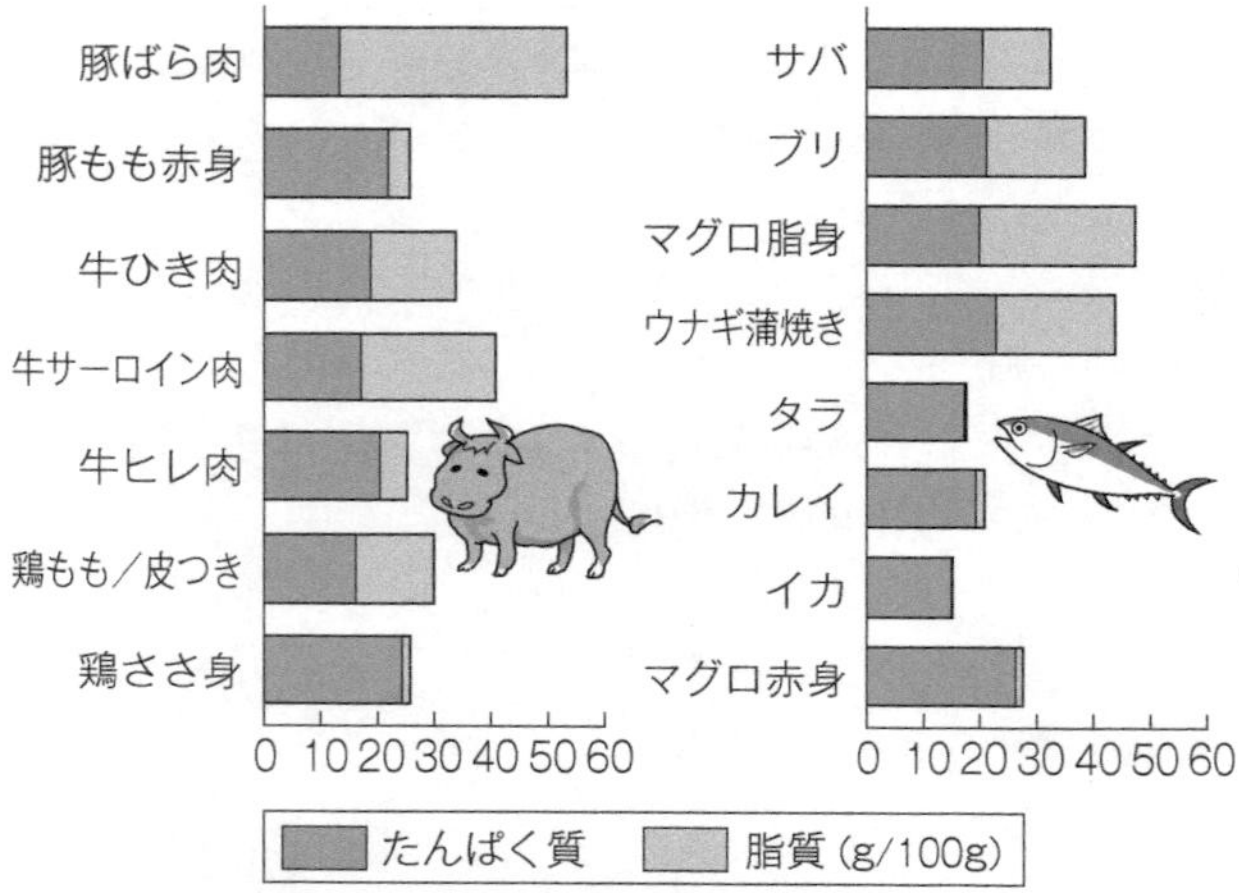

図7-4　肉や魚は種類や部位で脂肪の量が違う

トレーニング以外の生活で利用することのできるエネルギーといえる。これが除脂肪組織1kgあたり30kcalを下回ると代謝やホルモンの機能に悪影響が出やすくなるとされている。計算方法の詳細は表7-1に示したが、たとえば、体重60kg、体脂肪率20%の女性が1時間のトレーニングで500kcalを消費した場合、利用可能エネルギーは1300kcalになり、トレーニング以外で利用できるエネルギーが除脂肪組織1kgあたり27kcalになってしまう。これは、摂取エネルギー制限のし過ぎといえる。

（4）摂取エネルギーを減らすための食事法

痩せたいと考えているなら、摂取エネルギーを減らすことが必要である。といっても、そう簡単

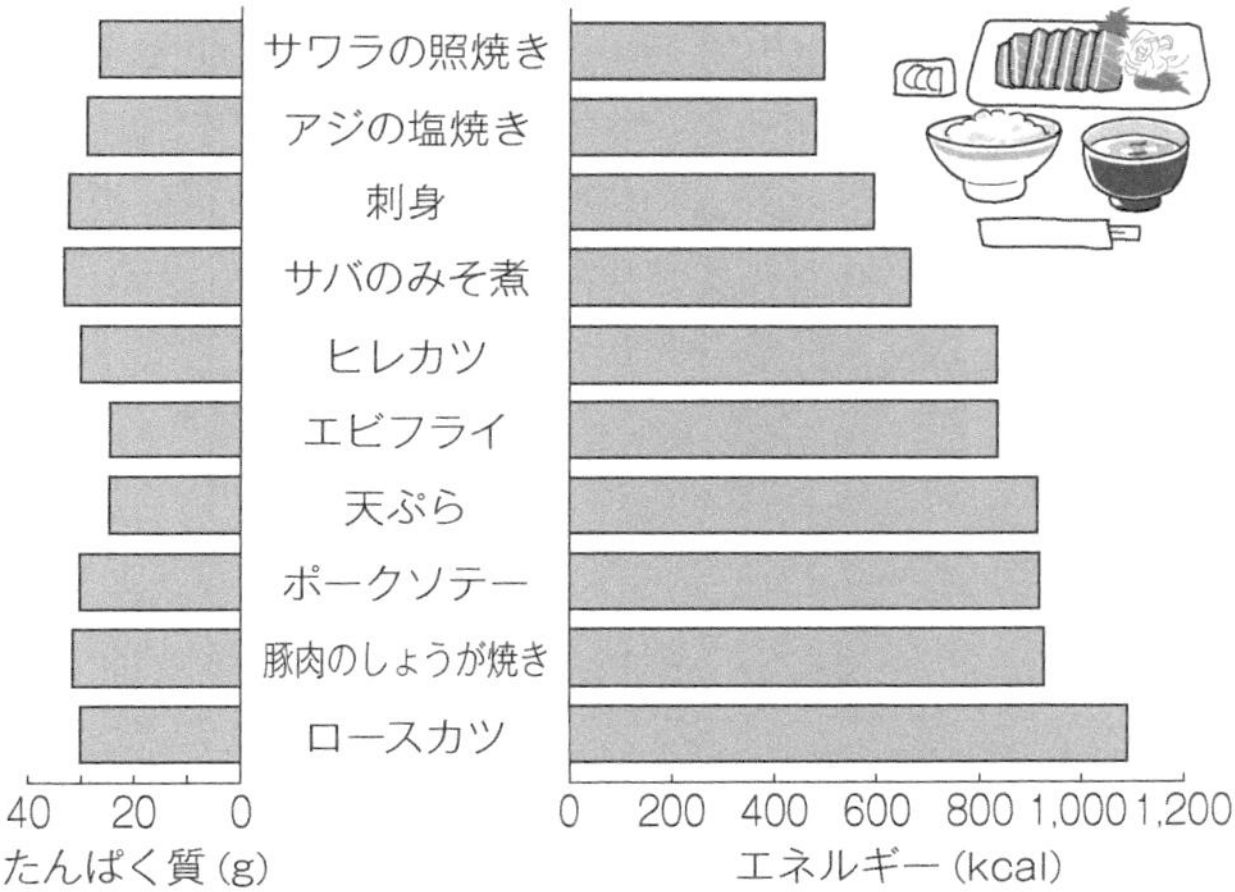

図7–5　定食のたんぱく質とエネルギー。外食・市販食品のエネルギー・塩分・たんぱく質ガイドブック，女子栄養大学出版部より作図

な話ではないことは、皆さんご経験のとおりである。ここでは、できるだけ実現しやすい食事法を考えてみる。

まず、脂質の摂取量を減らすよう心がける。脂質は、調理や味付けに使う油脂からよりも食品そのものから摂っている量のほうが多い。図7－4のように、肉や魚のたんぱく質の量には種類や部位による大きな違いはないが、脂質の量の差は大きい。同じ牛肉でもサーロインとヒレでは脂質の量に大きな差がある。このような特徴を知って食材を選ぶようにする。

魚には「旬」のあるものがある。旬のものを食べるのは良いこと、と思っている人も多いが、「旬」とは脂肪が多い時期をいう。「旨いものには脂肪が多い」ともいえる。「旨い」という漢字に体を意味する「月」（にくづき）が付くと「脂」という字になる。「脂」は動物の「あぶら」のことで、常温で固体の脂肪のことをいう。魚や植物の脂肪は常温で液体なので「油」と書く。「油脂」という言葉は、固体の脂肪と液体の脂肪の両方を表している。

調理法も食事のエネルギーに影響する。図7－5に定食のたんぱく質とエネルギーを示した。それぞれの定食のたんぱく質量に大きな違いはないが、エネルギーには大きな開きがある。揚げ物などの脂肪を使って調理したものはエネルギーが多い。

炭水化物は制限し過ぎないようにする。炭水化物を制限し過ぎると脳のエネルギー源のブドウ糖が不足するからである。その結果、体内でブドウ糖を合成するための材料となるアミノ酸を供給するために、筋肉などのたんぱく質の分解が高まり、筋肉が減ってしまう。

筋肉・筋力増強が目的の場合

（1）たんぱく質の必要量

図5－1で示したように、たんぱく質は筋肉を構成している成分の20％で、75％を占める水に次いで多い。このため、筋肉を鍛える人はたんぱく質摂取に対する関心が高い。ジム運動をして

いる人の中には、たんぱく質摂取のためにプロテインのサプリメントを利用している人も少なくない。これにはどれだけの意味があるのだろうか。さまざまな実験を紹介しながら考えてみよう。

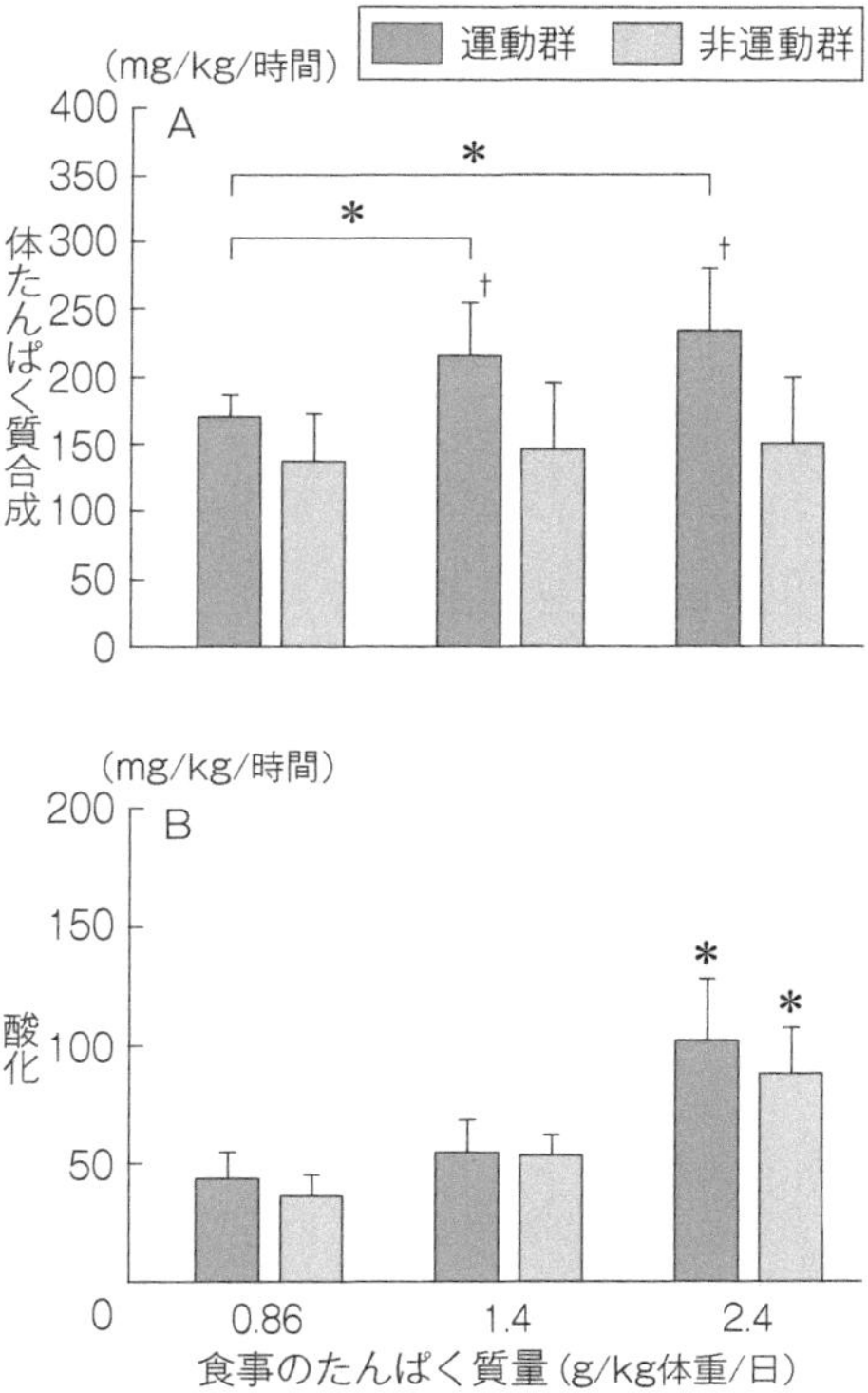

図7-6　食事のたんぱく質量と運動が体たんぱく質合成及び酸化に及ぼす影響。A * 0.86gと有意差がある。† 非運動群と有意差がある。B * 運動群と非運動群ともに0.86gと1.4gに対して有意差がある。Tarnopolsky ら 1992

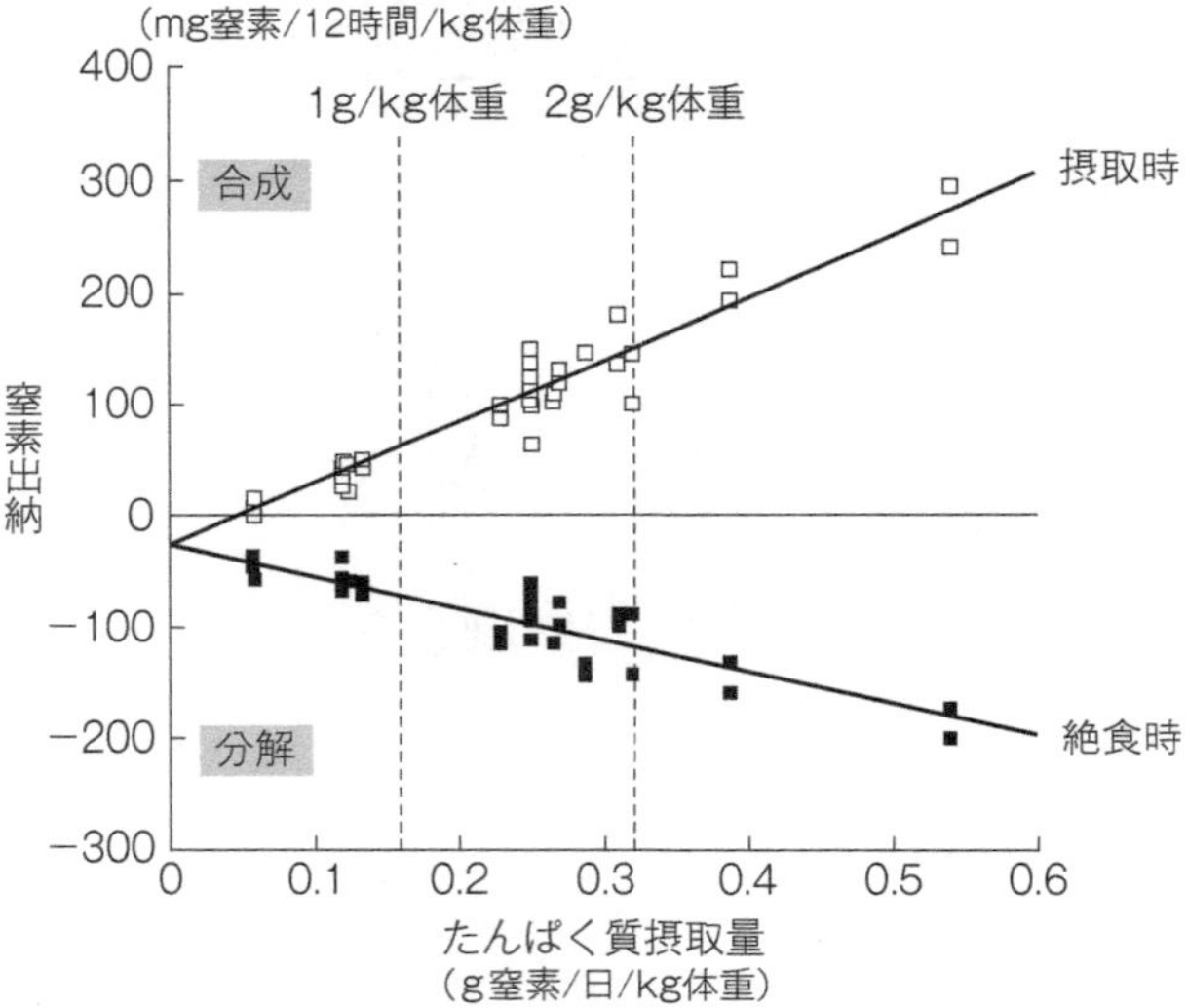

図7-7　たんぱく質摂取量を増やすと異化と同化の両方が増大する。Price GMら1994

たんぱく質の必要量を考えるときに忘れてはならないのは、摂取エネルギーが充足していることである。第3章で述べたようにエネルギーが不足していると、たんぱく質は筋肉などの合成ではなくエネルギー源として利用される。

たんぱく質は摂れば摂るほど筋肉合成が高まるわけではない。図7－6は、食事のたんぱく質量と運動が体たんぱく質合成にどのような影響を及ぼすかを調べたものである。運動しながらたんぱく質の摂取量を1日・体重1kgあたり0・86gから1・4gへ増やすと体たんぱく質合成が高まるが、

２・４ｇへ増やした場合は体たんぱく質合成がさらに高まることはなく、エネルギー生産を意味する酸化が増加する。このため、体たんぱく質合成に効果的なたんぱく質摂取量は、１日・体重１kgあたり２ｇ程度が上限とされている。

図７－７はたんぱく質の摂取量と窒素出納の関係を示したものである。「窒素出納」は、たんぱく質の必要量の評価基準で、正の値は体たんぱく質が「合成」状態であることを意味し、負の値は「分解」状態であることを意味する。体たんぱく質は摂食時には合成されるが絶食時には分解される。図７－７に示されているように、たんぱく質の摂取量を増やすと、摂食時の体たんぱく質合成が高まると同時に絶食時の分解も高まる。

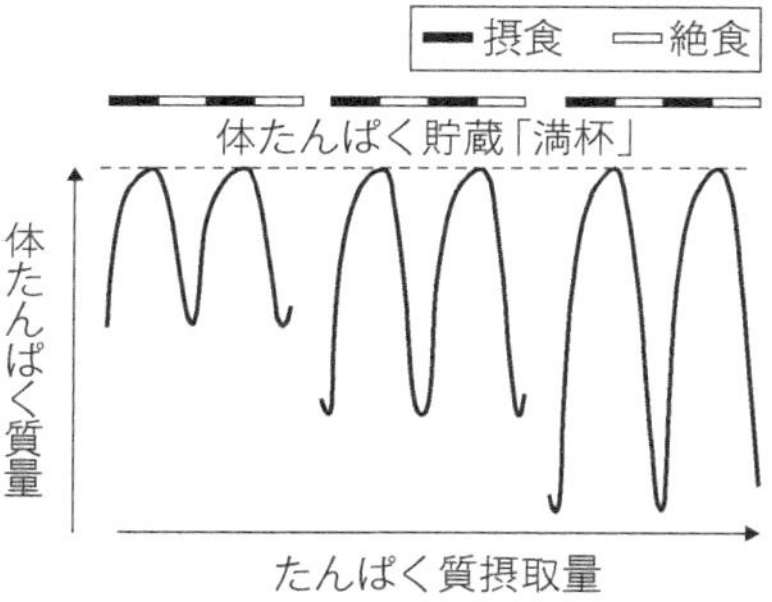

図7-8　たんぱく質摂取量を増やすと体たんぱく質量の日内変動が大きくなるが、体たんぱく質量は増えない。Millward DJら1994

図７－８は、たんぱく質の摂取量を増やした場合の、摂食後と絶食時の体たんぱく質代謝の様子を概念的に示している。たんぱく質の摂取量を増やせば増やすほど、摂食後の体たんぱく質合成は大きくなるが、絶食時の体たんぱく質分解も大きくなる。すなわち、

合成と分解の振幅が大きくなる。しかし、体たんぱく質の貯蔵量の最大値（満杯）は変化しない。つまり、筋肉などの体たんぱく質量は増えないということである。

図7－9は、たんぱく質摂取量を1日につき体重1kgあたり1gから2gへ増やすと、筋肉などの合成が減少することを示している。たんぱく質はアミノ酸に消化されて吸収された後、最初に運ばれる腸と肝臓で代謝され、その後に筋肉などへ運ばれる。日常的にたんぱく質を多く摂っていると、腸と肝臓でのアミノ酸の分解が高まる結果、筋肉などへ合成の材料として供給されるアミノ酸が減ることが示されている。

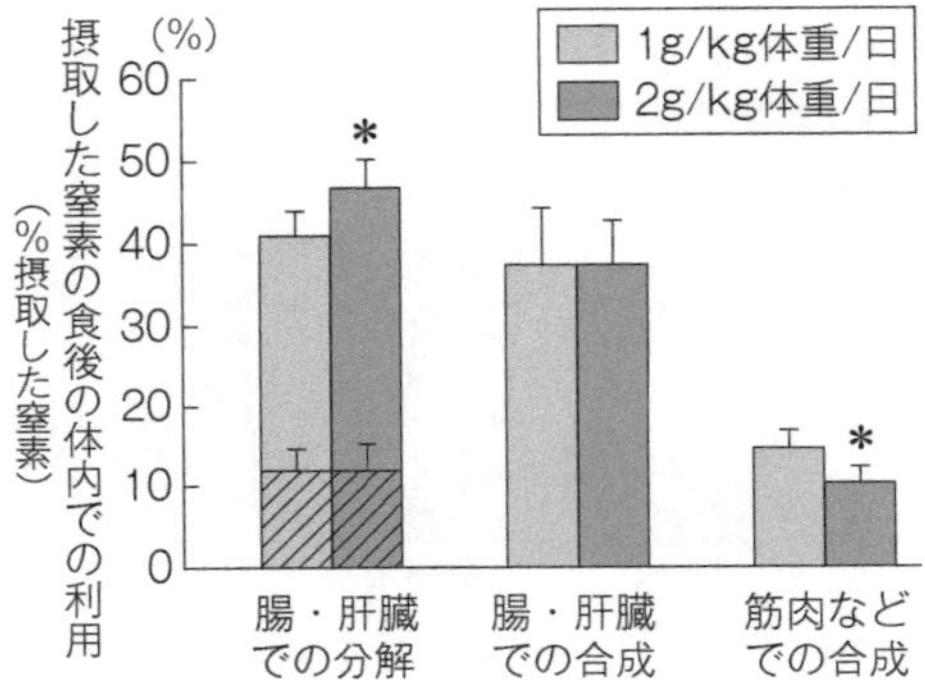

図7-9　普段の食事が高たんぱく質食だと食後の末梢組織（筋肉など）でのたんぱく質合成が減少する。＊1 g/kg体重/日に対して有意差がある。Juillet B ら 2008

図7－10はラットを用いた研究で、高たんぱく食を与えると筋肉量が少なくなる傾向が観察されている。

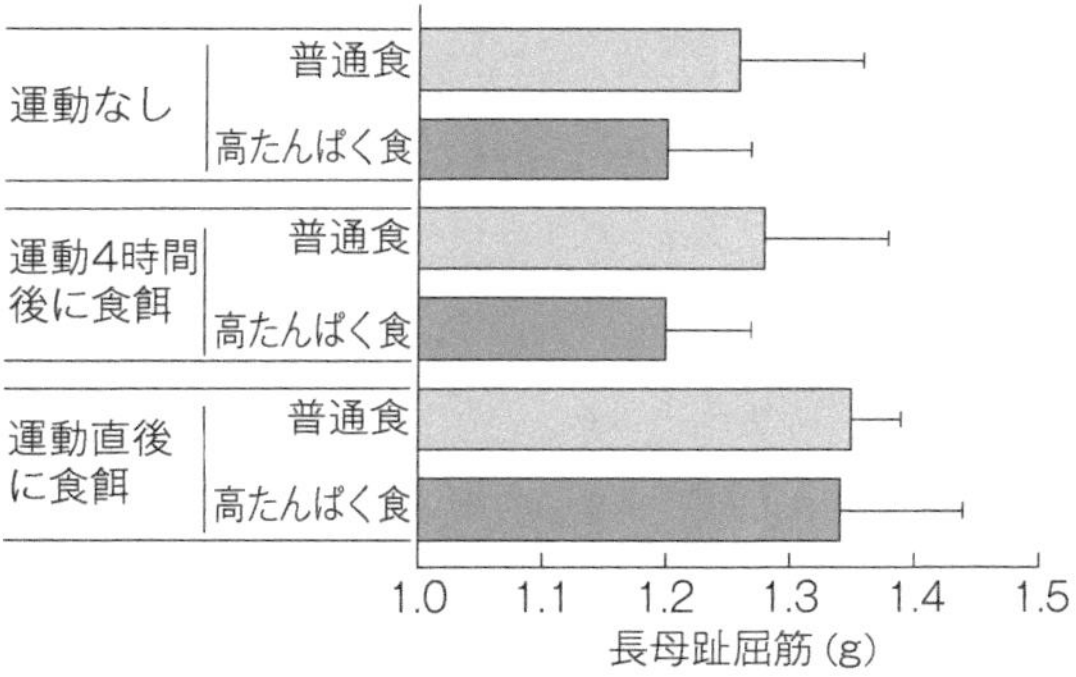

図7-10　運動による筋肥大には高たんぱく質食を摂るよりも運動後早めに食餌を摂ることが重要（ラット）。Kondo E ら 2008

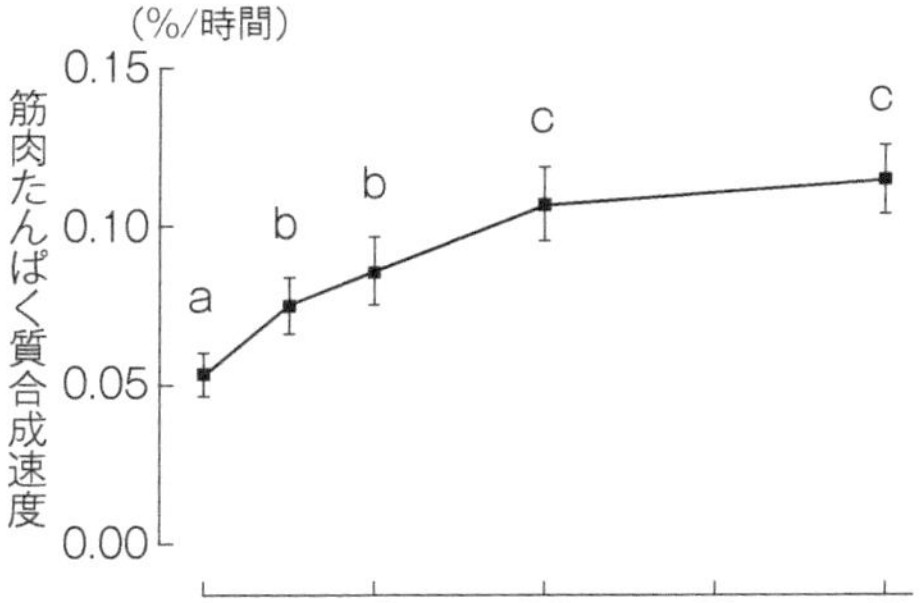

図7-11　筋力トレーニング後に摂るたんぱく質量を増やしたときの筋肉たんぱく質合成の変化。アルファベットの異なる平均値間には有意差がある。Moore DR ら 2009

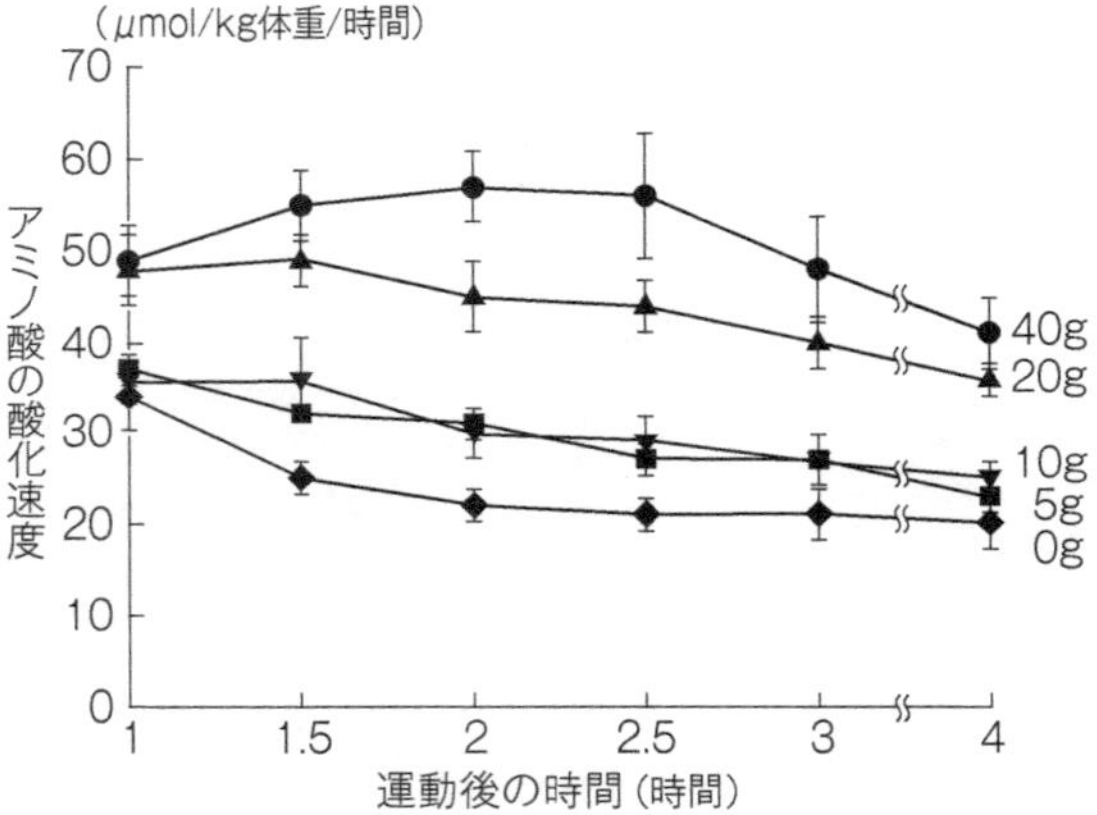

図7-12　運動後に0～40gのたんぱく質を摂取したときのアミノ酸（ロイシン）の酸化速度。Moore DRら2009より作成

これらの実験の結果などから、運動で筋肉を鍛えるときに高たんぱく食が望ましいことを支持する科学的な証拠はないといえる。

筋肉たんぱく質の合成は、1回（1食）あたりのたんぱく質摂取量が20ｇで最大になる（図7－11）。20ｇ以上のたんぱく質を1回で摂った場合には体たんぱく合成には利用されず、図7－12のように酸化、すなわちエネルギー源として消費される量が増える。

日本人のたんぱく質の1日必要量は体重1kgあたり1g程度だが、ほとんどの日本人はこの量よりも多くのたんぱく質を摂取している。また、日本人の通常の食事にはたんぱく質は1食あたり30g前後含まれている。体たんぱく質合成を最大に刺激する量よりも多くのたんぱく質

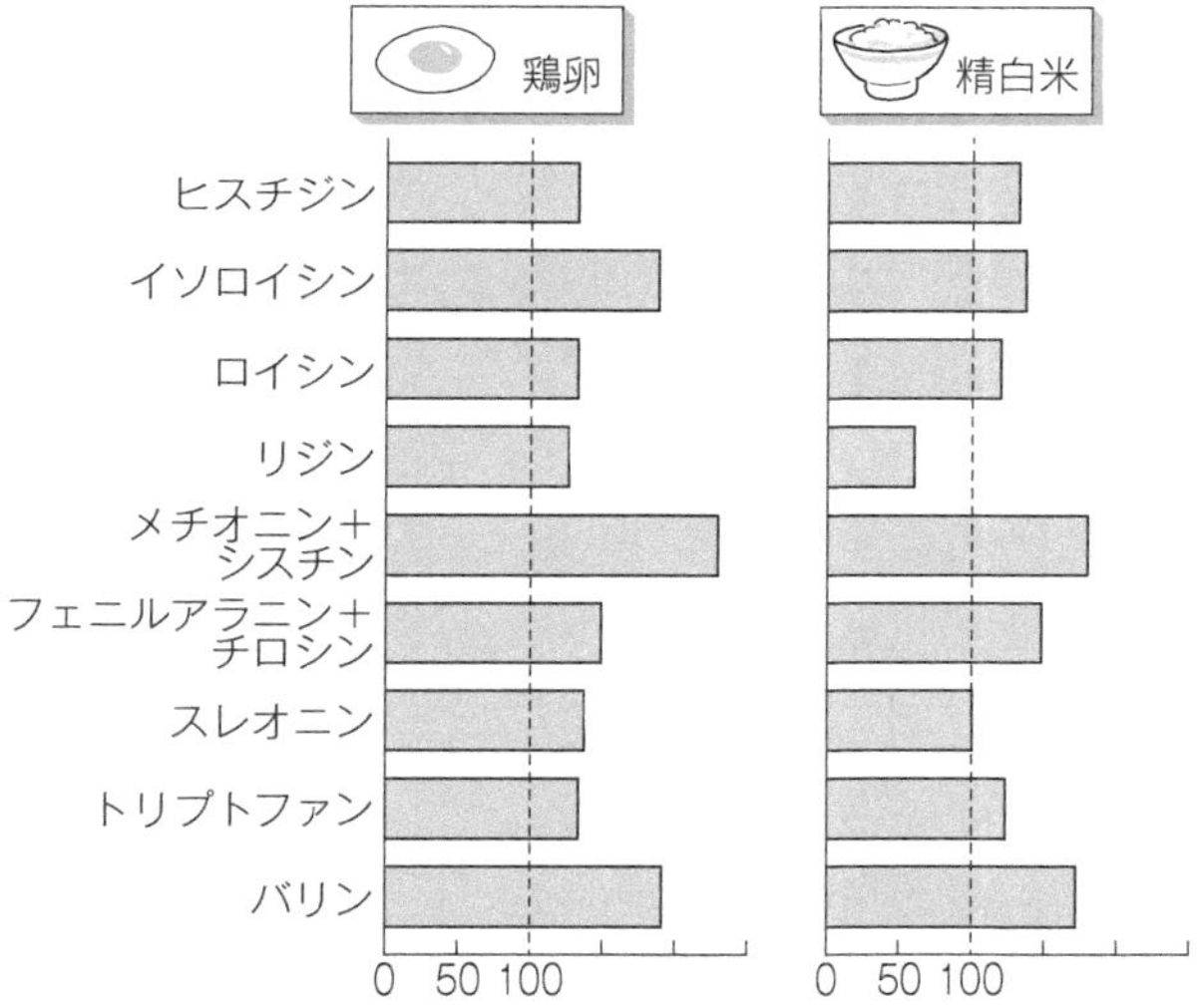

図7-13　鶏卵と精白米のアミノ酸スコア

を、1食から摂っていることになる。

結論をいえば、エネルギーが不足しないような食事を摂っていれば、筋肉増強が目的であっても、たんぱく質の多い食事を心がける必要はないし、プロテインのサプリメントを摂取する必要もない。

(2) たんぱく質の「質」

体たんぱく質は20種類のアミノ酸がつながってできている。このうち体内で合成することができない9種類を必須アミノ酸といい、体外から摂取する必要がある。

食品のたんぱく質の「質」の良否は必須アミノ酸の量とバランスによって決まる。図7-13は、必須アミノ酸の人の必要量に対して、鶏卵と精白米のたんぱく質がどの程度の必須アミノ酸を含んでいるかを示している。横軸の１００が人の必要量である。精白米ではリジンが不足していて必要量の65％しか含んでいない。不足しているアミノ酸の必要量に対する割合を「アミノ酸スコア」という。精白米のアミノ酸スコアは65である。一方、鶏卵には不足しているものはないので、アミノ酸スコアは１００である。

一般的に動物性たんぱく質のほうが良質だが、大豆のたんぱく質は植物性食品でありながら動物性たんぱく質と同等である。主食の米や麦のたんぱく質は必須アミノ酸のリジンが少なく良質とはいえない。しかし、実際の食事では主食に少ない必須アミノ酸は主菜などから補われている。いろいろな食品を摂ることが重要な理由の一つといえる。

（３）エネルギーを不足させない

たんぱく質はエネルギー源にもなる。このことは、炭水化物や脂肪の摂取量が少な過ぎてエネルギーが不足するような食生活をしていると、筋肉づくりを意図して摂取したたんぱく質がエネルギー源として消費されてしまうことを意味している。摂取したたんぱく質が筋肉合成に利用されるためには、エネルギー摂取量が充足していることが必要条件である。

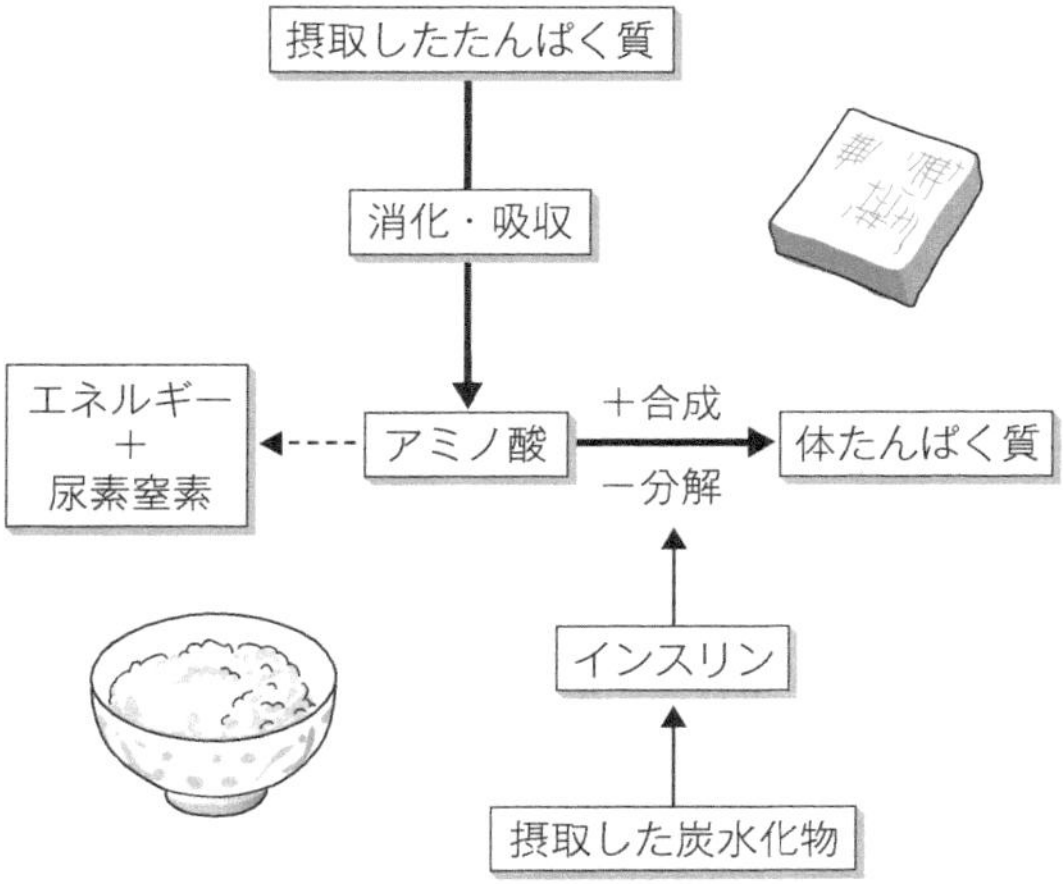

図7-14　炭水化物が摂取したたんぱく質の体たんぱく質への合成を高める。岡村ら2011

(4) 炭水化物といっしょに摂る

たんぱく質は炭水化物とともに摂取すると、体たんぱく質合成に利用されやすいと考えられている。図7－14はそれを説明した概念図である。摂取した炭水化物によってインスリン分泌が刺激され、これが摂取したたんぱく質の体たんぱく質への合成を促進するとともに、体たんぱく質の分解を減少させる。

(5) 運動後の栄養補給は早めに

たんぱく質は運動に近接したタイミングで摂取することが、筋肉たんぱく質合成を促進するために効果的とされている。図7－15は、運動後のたんぱく質の摂取タイミングと

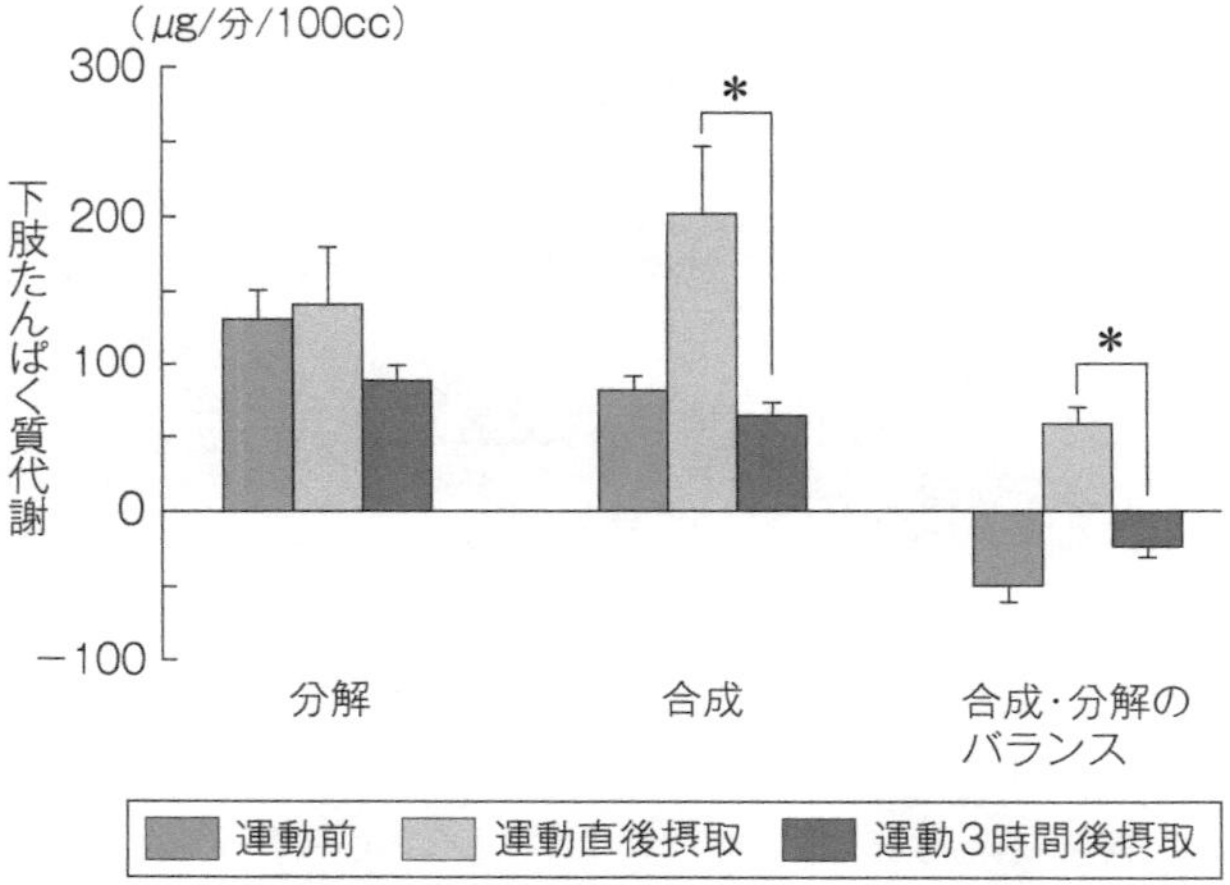

図7-15　運動後の摂取タイミングと下肢たんぱく質代謝。＊運動直後摂取と運動3時間後摂取で有意差がある。Levenhagen DKら2001

下肢筋肉のたんぱく質代謝の関係を示したものである。筋肉たんぱく質の合成は運動直後に摂取したほうが3時間後に摂取したときよりも高く、分解には直後摂取と3時間後摂取で差がない。その結果、合成と分解のバランスは直後摂取では正、すなわち筋肉が増える方向だったのに対して、3時間後摂取では負、すなわち筋肉は減少する方向にあった。

図7－16は、ラットを運動直後に摂食するグループと運動4時間後に摂食するグループに分けて、10週間飼育した実験の結果である。筋肉量は直後摂取のほうが多く、脛骨の骨密度も直後摂取で高かった。このことから、運動の筋肉や骨の合成に対する

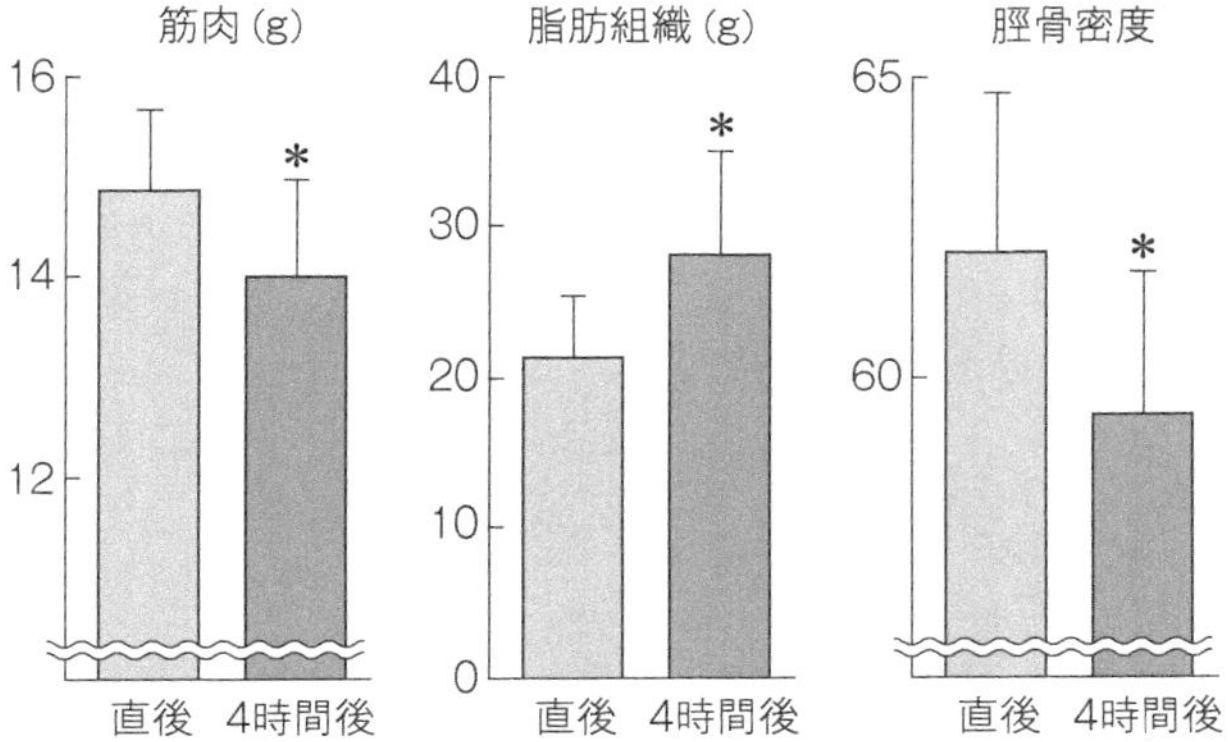

図7-16　運動直後に食餌をしたほうが筋肉量が多く、脂肪組織は少なく、骨密度は高い（ラット）。＊直後と有意差がある。Suzukiら1999とOkanoら1999より作図

効果が運動後、早めに栄養補給することで高まったことが分かる。一方、脂肪組織は運動直後摂取グループで少なかった。これは、このグループでは筋肉量が多かったので、基礎代謝が高かった結果、体脂肪が蓄積しにくかったためと考えられる。

　運動後、早めに栄養補給することで運動の筋肥大効果がより高まる理由としては、運動後は、①筋肉への血流量が増大しているため、筋肉たんぱく質の材料となるアミノ酸の供給量が増えること、②筋肉たんぱく質の合成を促進するとともに、分解を抑制するインスリンに対する筋肉の感受性が高まっていることが考えられている。

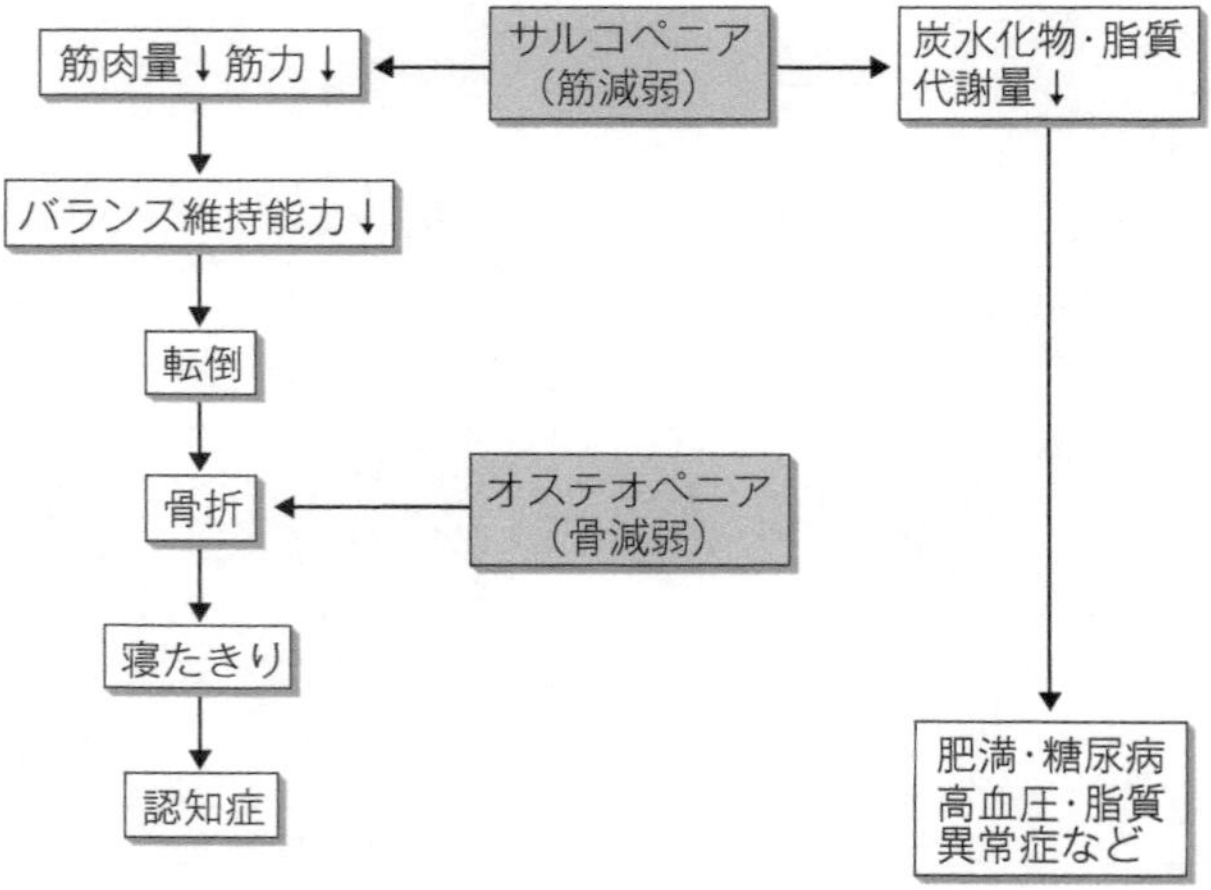

図7-17　高齢者の健康問題サルコペニアとオステオペニア

（6）サルコペニアとオステオペニア

第5章「中年太りはなぜ起こるのか」で、加齢につれて筋肉量が減少して基礎代謝が低下することが、中年以降に太りやすくなる理由であることを述べた。

加齢で筋肉量が減少することをサルコペニアという。「サルコ」はラテン語で筋肉、「ペニア」は欠乏・不足を意味する。歳をとると骨も弱くなる。これをオステオペニアという。オステオは「骨」を意味する。

図7－17はサルコペニアとオステオペニアが、高齢者の健康にどのように関わっているかを示している。

筋肉量が減少すると筋力が低下し、体のバランスを維持する能力も低下するし、転びそうになったときに手すりなどに掴まって転ばないようにする力も弱くなる。その結果、転倒しやすくなる。そして、オステオペニアで骨も弱くなっているので骨折しやすい。骨折から回復するまで安静にしていると、その間に筋肉が痩せ細ってしまって起き上がれなくなり、寝たきりになって認知症に移行する危険性が増す。

一方、筋肉量が減少すると基礎代謝が低下するので、消費される炭水化物や脂質の量が減る結果、肥満しやすくなる。肥満は糖尿病や高血圧、脂質異常症の誘因となる。

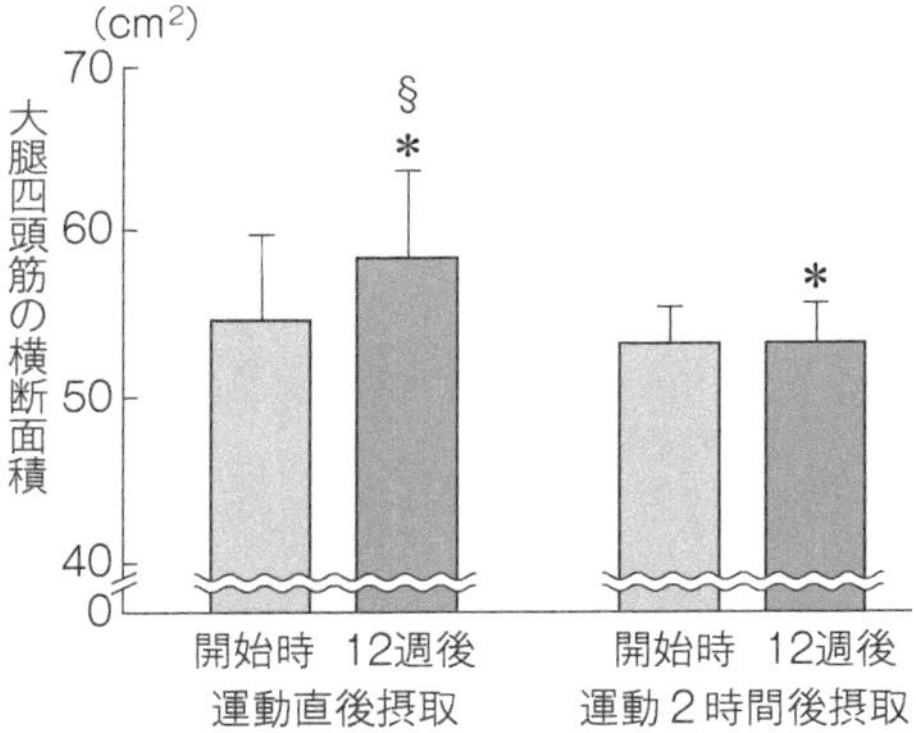

図7-18　大腿四頭筋の横断面積は、運動直後摂取群では増大したが運動２時間後摂取群では変化しなかった。平均年齢74歳の高齢者を対象にした研究。＊開始時に対して有意差がある。§運動２時間後摂取での変化量と有意差がある。Esmark ら 2001

中年以降の筋肉量の減少を予防したり、高齢者が筋肉量を回復したりすることが健康上、重要なことが分かる。このためには筋肉トレーニングが必要だが、高齢者を対象にした実験で、トレーニングによる筋肥大効果が運動後早めの栄養補給で高まるこ

年齢（歳）	たんぱく質推奨量（g/日）	推定エネルギー必要量 生活活動強度Ⅱ（kcal/日）	推定エネルギー必要量あたりのたんぱく質推奨量（g/100kcal）
1～2	20	1,000	2.0
3～5	25	1,300	1.9
6～7	30	1,550	1.9
8～9	40	1,800	2.2
10～11	45	2,250	2.0
12～14	60	2,500	2.4
15～17	60	2,750	2.2
18～29	60	2,650	2.3
30～49	60	2,650	2.3
50～69	60	2,450	2.4
70～	60	2,200	2.7

表7-2　年齢とエネルギー必要量あたりのたんぱく質量推奨量（男性）。日本人の食事摂取基準2010年版より作成

とが示されている（図7－18）。

　また、加齢につれて、食事の内容も若いときとは変えたほうが良い。表7－2は年齢ごとのたんぱく質推奨量と推定エネルギー量を示したものである。これによると、摂取エネルギーあたりのたんぱく質の必要量は、70歳以上で最も多い。加齢につれて必要エネルギー量は減るが、たんぱく質の必要量は変わらない。このため、高齢者ほど高たんぱくの食事が必要ということになる。図7－4で見たように肉や魚は100gあたり20g前後のたんぱく質を含んでいるが、脂肪の含量には大きな差がある。エネルギーを摂り過ぎたくなければ、脂肪の少ないものを選ぶようにすると良い。

体力増強・持久力向上が目的の場合

(1) 行動体力と防衛体力

体力は大きく「行動体力」と「防衛体力」に分けられる。

行動体力は体を動かすための体力で、主として筋肉の機能に関わるものと、持久的な運動能力として心肺機能に関わるものに分けることができる。筋肉の機能に関わるものについてはすでに述べたので、ここでは心肺機能・持久力を高めるための運動での栄養・食事について取り上げる。

一方、防衛体力は病気への抵抗力などである。運動していると風邪をひきにくくなるなど、いわゆる「体が丈夫になる」ということが、経験的に知られていることがあてはまるだろう。

(2) 持久力を高める運動では水分とエネルギーに気をつける

心肺機能・持久力を高めるためには強度は低くても時間は長い、いわゆる持久的な運動でトレーニングする必要がある。こうした運動は、発汗量も消費されるエネルギーも多い。このため、運動中には水分を十分に補給するようにする。また、長時間の運動でエネルギー切れを感じるようなら炭水化物を摂取して、血糖値が低下したりグリコーゲンが不足したりしないようにし、長時間の運動ができるようにする。水分と炭水化物の補給法については第6章をご覧いただきたい。

前述したとおり、炭水化物が不足した状態で運動すると、筋肉たんぱく質の分解が大きい（図3－2）。エネルギーの摂り過ぎは太ることにつながるが、トレーニングに必要なだけのエネルギー、炭水化物は不足しないようにする。

運動前後の栄養補給については、第6章をご覧いただきたい。

（3）運動のし過ぎは免疫能を低下させることも

適度な運動は免疫能を高める。したがって、防衛体力を高めるのに適度な運動は有効である。しかし、激しい運動はかえって免疫能を低下させることがある。たとえば、マラソンを走った後は上気道感染症、いわゆる風邪をひきやすくなることが経験的に知られている。喉の粘膜からの感染を防御する分泌型イムノグロブリンＡ（ＩｇＡ）の分泌量が減少したり、口腔や上気道の粘膜が乾燥したりすることが関係しているのではないかと考えられている。

運動のし過ぎによる免疫能の低下を防いだり回復させたりする栄養の研究がおこなわれている

が、確実に効果のあるものは見つかっていないように思う。

長時間の運動で糖質を補給しないと血糖値が低下する。この血糖値の低下を防ぐために、アミノ酸などからブドウ糖を合成する糖新生という代謝が活発になる。糖新生はグルココルチコイドという副腎皮質ホルモンによって刺激される。副腎皮質ホルモンには免疫能を弱める作用もある。このため、運動中に炭水化物が不足すると免疫能が低下すると理論的に考えられることから、炭水化物が不足しないようにすることに効果があるのではないかとする考え方がある。

第8章 スポーツとサプリメント

スポーツで用いられるサプリメント

ジム通いをしている人は体力や健康に対する意識が高いのではないかと思う。そのため運動するときだけでなく、日常生活でもサプリメントを使っている人が多いかもしれない。こうしたサプリメントには、どの程度の効果があるのだろう。

スポーツで用いられるサプリメントは、大きく分けて2種類ある。①食事から必要な量が摂れない栄養素がある場合の補給に利用できるものと、②運動能力を高めることが期待される物質を含むもの、である。

これまでに述べてきたように、基本的な考え方として、食事がきちんとしていれば必要な栄養素はすべて摂れる。

スポーツ選手の中には、合宿所などできちんと提供されている食事を残してサプリメントを摂っているような人がいる。このような場合には、サプリメントから摂ったものが残した食事に含まれていたものと相殺されて摂取量が増えていないことがある。また、サプリメントで、ある栄養素の摂取量を増やすことができても、食事から十分な量が摂れていれば増やしたことによる効果はない。

スポーツによる疲労にはいろいろなものがある。消費したエネルギーを回復させることは、エネルギー面から見た疲労の回復である。したがって、炭水化物を補給してエネルギーを回復することは栄養学的に正当といえる。

では、疲労感を軽減させるサプリメントがあったとして、それは必要だろうか。

まず、疲労感を軽減させることが正しいのかどうか考える必要がある。疲労感はこれ以上、運動すると体にとって良くないので、運動を中止すべきだという注意信号でもある。麻薬は、この注意信号を感じなくして疲労感をなくすが、体を害する。そんな作用を持つサプリメントは存在しないと思うが、仮にあったとしても利用するかどうかをよく考える必要がある。また、内容成分の不明なものは特に気をつける必要があるだろう。

食事から必要な量が摂れない栄養素がある場合

この種のサプリメントは、健康診断などで不足している栄養素が明らかで、その栄養素を食事から摂れない場合に利用するのが原則である。不足しているかどうか分からないのに利用すると、栄養素によっては過剰による健康上の問題が起きることがある。利用できる場面としては次のようなものがある。

（1）何らかの理由で食事が偏っているとき

食べ物の好き嫌いがなくても、衛生状態の悪い地域へ行くと食事が偏ることがある。事前に調べて不足しそうな栄養素が分かれば、サプリメントを持っていくことができる。

（2）減量で食事制限しているとき

減量ではエネルギー摂取量を減らす。しかし、たんぱく質やビタミン、ミネラルなどは不足させてはいけない。ビタミンやミネラルのサプリメントはエネルギーをほとんど含んでいないものが多いので、エネルギー制限時に、これらの栄養素の補給に利用できる。

（3）食欲のないとき・多量のエネルギーが必要なとき

過労で食欲がなくなったり、増量のためにエネルギーを多量に摂りたいときには、少量でも栄養素に富んだ流動食のようなタイプのサプリメントが役立つ。

（4）菜食主義者

植物性食品のたんぱく質は動物性食品のそれよりも質的に劣るし量も少ない。また消化・吸収率も低いので、たんぱく質が不足しないようにする。動物性食品を摂らないためにエネルギー、脂質、ビタミンB_{12}、リボフラビン、ビタミンD、カルシウム、鉄、亜鉛の摂取量が少なくなりやすい。

（5）不足しやすい栄養素、鉄とカルシウム

鉄は不足しやすい栄養素で、特に食事を制限する場合に不足しやすい。しかし、鉄には過剰症があるためサプリメントは素人判断で利用するのではなく、血液検査などの結果に基づいて専門家に相談して利用する。

カルシウムは日本人で不足しやすい。カルシウムの良い供給源である乳製品を日本食では使わないこと、骨ごと食べられる小魚などを食べなくなってきたためである。カルシウムにも上限量があるので、サプリメントを使う場合は摂り過ぎないように注意する。

スポーツに特徴的なサプリメント

（1）スポーツドリンク

スポーツドリンクは運動中に必要な炭水化物（30～60g／時間）と水分（500～1000ml／時間）の両方を補給できるように、炭水化物の濃度が4～8％に設定されている（表6－3）。また、低ナトリウム血症を防ぐためにナトリウムを含んでいる（図6－3）。

炭水化物とナトリウム以外の成分を含んだスポーツドリンクもある。しかし、炭水化物とナトリウムのほかに、運動時に摂ったほうが良いことが科学的に確認されているものはない。

（2）エネルギー補給

ここでいうエネルギーとは炭水化物のことである。血糖値の低下（図2－2）やグリコーゲンの枯渇という炭水化物の不足はエネルギー切れを意味する。

運動中には水分とともに炭水化物を摂ると良いので、前述のようにスポーツドリンクの成分はデザインされている。

炭水化物はタブレットやゼリー状のサプリメントなどで摂ることもできる。その場合は必要量が摂取できているかどうか注意する。

（3）たんぱく質（プロテイン）

食事からのたんぱく質が十分でない場合、プロテインのサプリメントはたんぱく質の補給に利用することができる。ただし、たんぱく質を多く摂れば摂るほど、筋肉が肥大するわけではない。食事でエネルギーやたんぱく質が十分に摂れている場合、たんぱく質をサプリメントとして補給する必要はない。

（4）ビタミンＢ群

ビタミンＢ群はエネルギーを生産する代謝に関わっている。特に糖質からのエネルギー生産に必要なB_1は十分量が摂りにくい。多くの栄養ドリンクの主成分がB_1をはじめとするＢ群のビタミンであるのはこのためである。ただし、Ｂ群のビタミンを摂れば摂るほどエネルギー生産が高まることはない。

（5）抗酸化物質

ビタミンではCとE、その他の食品中の成分ではカロテノイドやポリフェノールが抗酸化作用を持っている。運動時には体内での活性酸素種の生成が増大し、生体成分を傷害することが懸念されている。実証されているわけではないが理論的に、トレーニング量を増大したときや高地トレーニングの開始後など体に対する負荷が増大する場合は、その後の1～2週間、抗酸化物質を摂取したほうが良いとする報告もある。しかし、長期的に摂取することの効果は明らかではない。

ジムで健康維持目的の運動をしている場合など、体への負荷が大きくない運動時には摂取する必要はないだろう。

（6）その他の物質

運動能力の向上、疲労回復の促進、筋肉の肥大、体脂肪の減少などに役立つのではないかと考えられる成分を含んだサプリメントがいろいろある。エルゴジェニック・エイド（Ergogenic aids）や運動能力増強食品と呼ばれるものもある。これらのサプリメントには科学的根拠が十分でないものがあるので、後述の「サプリメントを選ぶときに考えるべきこと」を参考にして、利用するかどうかを考えてほしい。

サプリメントとドーピング

ジムでトレーニングをする人にはドーピングは無縁だろう。しかし、どういう物質がドーピングで禁止されているかを知っておくことは、スポーツをする上で悪いことではない。

まず、たんぱく質やアミノ酸、糖質、脂質、ビタミン、ミネラルなどの栄養素はドーピング物質として禁止されていない。したがって、これらの栄養素のサプリメントを大量に摂ってもドーピング検査で陽性になることはない。

世界ドーピング防止規定によって禁止されているドーピング物質のうち、サプリメントに混入していて問題になるものの代表に、筋肉増強作用のあるステロイド（男性ホルモン）がある。国際オリンピック委員会によるサプリメントの無作為検査の結果、20～25％で禁止物質のステロイドが検出されたことが報告されている。これらの商品にはステロイドを含むことは表示されていない。意図的に添加されたのか製造過程で混入したのかは不明であるが、素性の明らかでないサプリメントは特に注意が必要である。

そのほか、風邪薬の中にはドーピング禁止物質を含んでいるものがあるなど、市販の薬で禁止物質を含んでいるものがある。これらの物質は、運動能力やトレーニング効果をアンフェアなほど高めるので禁止されている。体に悪いから禁止されているわけではないので、誤解しないでいただきたい。サプリメントだけでなく、漢方や薬膳などのように内容成分が明らかでないものにも注意が必要である。

サプリメントを選ぶときに考えるべきこと

(1) 科学的根拠があること

サプリメントの効果とされているものが、客観的で再現性のある実験・研究に裏付けられているかどうかを考える必要がある。図8－1は健康情報の信頼性の考え方を示したもので、スポーツで用いるサプリメントの効果に関する情報についても同様に考えることができる。

まず、体験談や利用者の声は科学的根拠とはいえない。

次に、学者の解説についても、注意してよく確認したほうが良い。たとえば、大学や研究機関でおこなわれた実験でも、試験管内での実験や動物実験なら、その結果が人にもあてはまるとは限らない。「学会発表された」と聞くとその結果は正しいと信じてしまう人もいるが、学会発表は途中経過の報告で、後に結果が変わることもある。専門家の審査を経て専門誌に掲載された科

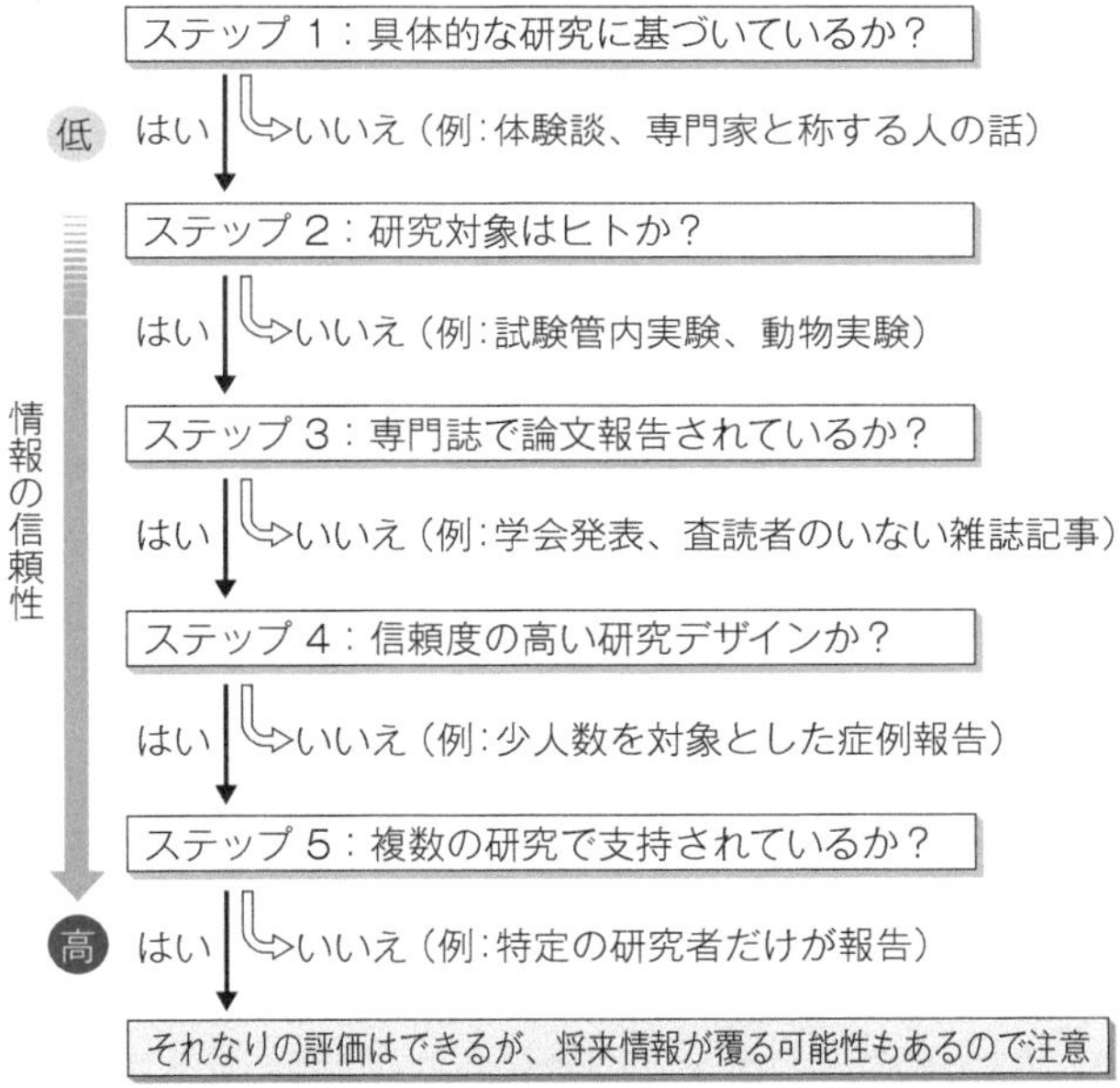

図8-1　健康情報の信頼性を考える上でのフローチャート。健康・栄養食品アドバイザリースタッフ・テキストブック，第一出版より

誤解につながる要因	誤解される情報の例など
動物実験なのかヒトを対象にした実験なのか	動物や筋肉の細胞や組織を用いた実験結果が、そのままヒトにあてはめられるとは限らない。
実験の時期は適切か	疲労回復に効果があるとするサプリメントの実験が練習量の少ない時期におこなわれると、疲労回復が良好だったのが練習量が少なかったからではなくてサプリメントの効果だと誤解される。
観察された影響は効果が得られるために十分か／評価指標は直接的なものか間接的なものか	摂取後に体脂肪のエネルギーとしての消費量が増えても、その消費量の増加が十分に大きくなければ、体脂肪量を減少させる効果があるとは限らない。筋肥大を目的としたサプリメントの場合は、筋が肥大したかどうかが直接的な評価指標である。血中アミノ酸濃度の上昇や筋たんぱく質合成の亢進などは、筋肥大の必要条件であるものの間接的な指標であり、その変化に筋を肥大させるのに十分な作用があるとは限らない。直接的な評価指標による情報のほうが信頼性が高い。
作用を評価するのに適切な運動条件か	低血糖を防止して持久力を向上させるサプリメントの作用は、血糖値が低下する60～90分以上の運動で実験される必要がある。血糖値の低下しないような短時間の運動での評価は適切とはいえない。調べようとする成分の生理作用を適切に評価する実験になっていないことがある。
思い込み効果の影響はないか	効果のあるものを使っていると思い込むと、実際には作用がなくても効果が現れることがある。①筋肉増強剤だと信じさせると偽物でも筋力が増大したことや、②糖質を摂取していると信じさせると持久力が向上したり、③疲労回復を促進すると信じさせると記録が改善したのに対して、疲労回復作用はないと信じさせると記録が悪化したことなどが報告されている。

表8-1　科学的な情報なのかどうか誤解しやすい例

学論文にも信頼性には幅がある。少人数を対象にしておこなわれた実験よりも、多数の人を対象にした実験のほうが通常、信頼性や再現性は高い。

こうしたことを一般人が見極めるのは簡単ではないが、単純に「あのサプリメントの宣伝にはいつもあの学者が出ている」というように特定の研究者だけが支持し、勧めているものよりも、多くの研究者が支持しているもののほうが信頼できるということだけでも判断材料になる。

表8－1には、科学的な情報なのかどうか誤解しやすい例をまとめた。

(2) 思い込み効果

人を対象にした実験でも実験方法によって信頼性に差がある。

図8－2は、何の効果もない偽物を筋肉増強剤だと信じさせて、投与してトレーニングさせると、投与しなかった場合よりも筋力が増大したという実験結果である。

この実験のように、摂取しているものに効果があると思っていると、実際には作用がないものでも効果が現れることがある。このような効果を「思い込み効果」とか「プラセボ効果」という。プラセボとは実験のときに比較のために用いられる偽物のことで「偽薬」と訳される。

図8－3は、摂取したものに対する「思い込み効果」にはポジティブなものとネガティブなも

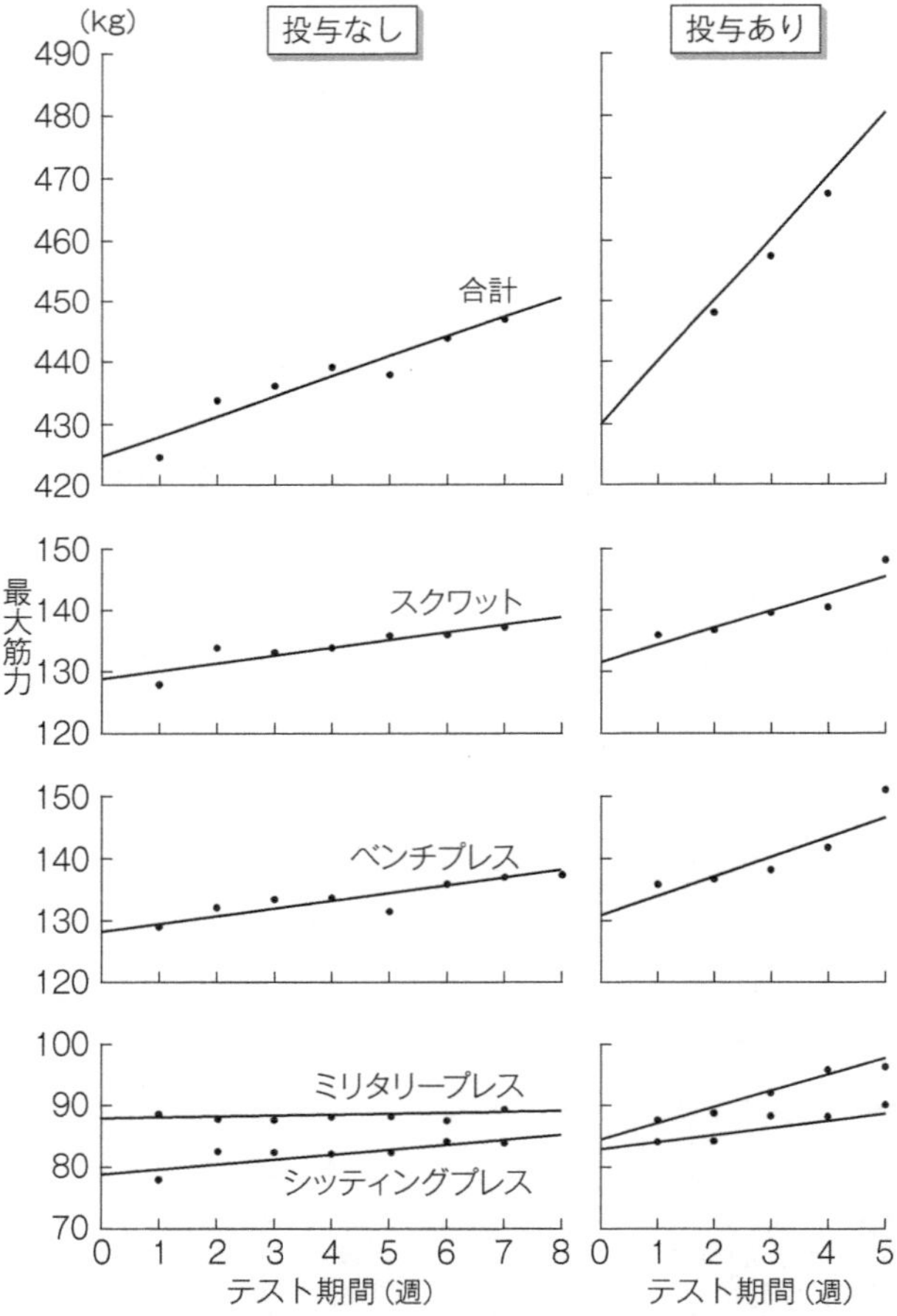

図8-2　偽の筋肉増強剤とトレーニング効果。Ariel G ら 1972

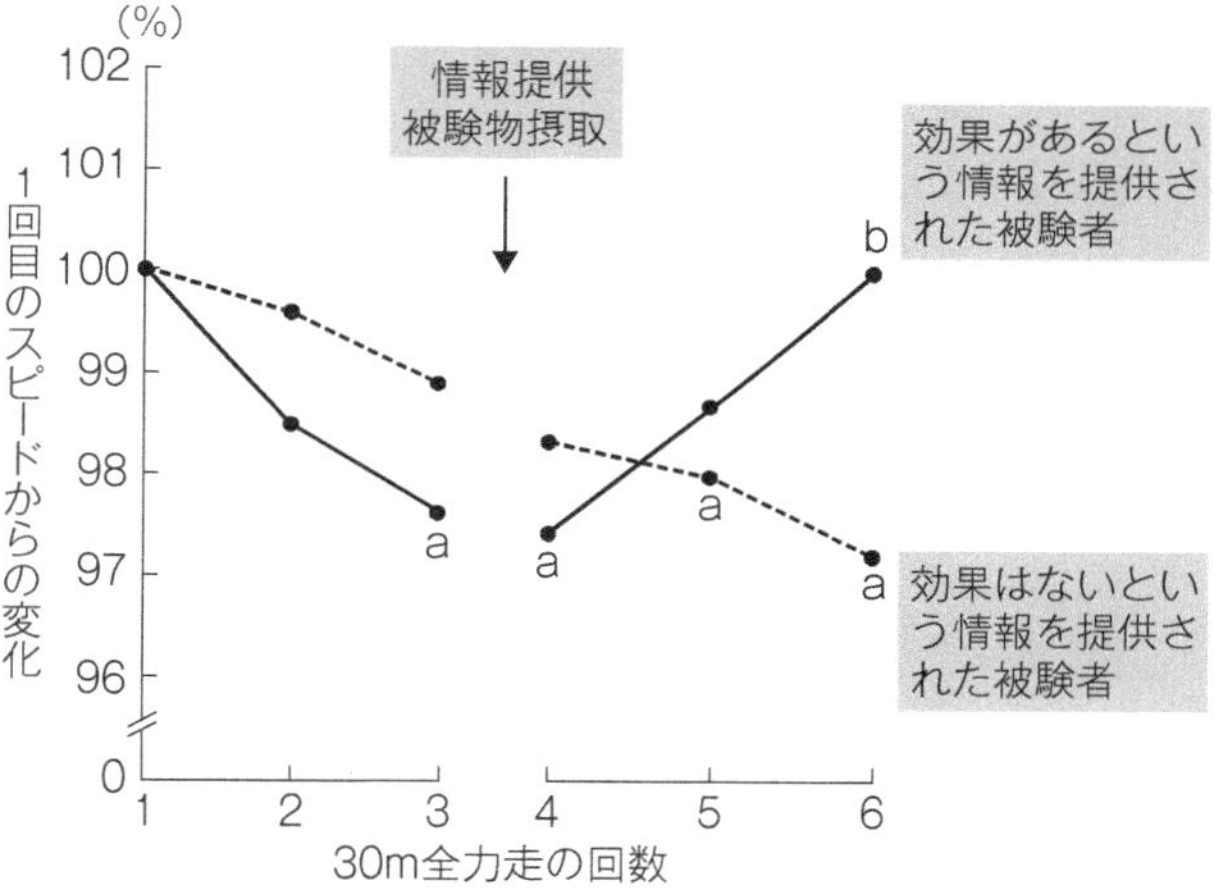

図8-3　被験物の効果に関する情報の違いと運動能力の変化。aは1回目と、bは3および4回目と有意差（P<0.05）があることを示す。Beedie CJ ら 2007

のがあることを示した実験例である。被験者は、3回の30mの全力ダッシュを連続しておこなってタイムが落ちている。その後、0・2gのでんぷんを含むカプセルを摂取した。0・2gのでんぷんには何の作用もない。被験者にはカプセルの中身が何であるかは教えず、一方のグループの被験者には摂取したカプセルには全力ダッシュ力を回復させる効果のある成分が含まれていると伝えた。これに対して、もう一方のグループには回復効果はないと伝えた。20分後に再び3回の30mの全力ダッシュをおこなった結果、効果があるという情報を提供された被験者ではタイムが回復したのに対して、効果はないという情報を提供された被験者ではタイムは落ち続けた。このように、摂取したものに効果があると思っても、効果がないと思っても、どちらも運動能力に影響することがある。

このような「思い込み効果」をサプリメントの効果だと誤ってしまうことがある。

（3）主要評価項目と副次的評価項目

サプリメントの効果を主観的な指標で評価すると、実際には効果がなくても効果があると判断してしまう場合のあることは想像できるだろう。しかし、客観的な指標で評価しても実験結果の信頼性や再現性が低いことがある。

実験では「主要評価項目」と「副次的評価項目」がある。たとえば、心臓病の薬の開発研究では、心臓病で亡くなる人が減るかどうかが「主要評価項目」である。しかし、心臓病で亡くなる人が減るかどうかを短期間で確認するのは難しい。そこで、代わりに「副次的評価項目」で薬の効果を評価することになる。心臓病で死亡する危険性は血中脂質異常や高血圧などで高まる。このため、たとえば薬に血中脂質異常を改善する作用があれば、心臓病で死亡する危険性を低くできる可能性があると考えられる。しかし、脂質異常を改善したら必ず心臓病で死亡する危険性が低くなるわけではない。

目的・効果	主要評価項目	副次的評価項目
筋肉量増大	筋肉量	筋肉たんぱく質合成亢進 血中アミノ酸濃度上昇 筋肉たんぱく質合成経路活性化
体脂肪減少	体脂肪量	体脂肪分解酵素活性上昇 脂肪組織の脂肪分解亢進 血中グリセロール・遊離脂肪酸濃度上昇 脂肪酸化（エネルギーとして消費）増加

表8-2　サプリメントの効果の判定と主要評価項目・副次的評価項目

筋肉量を増大させるサプリメントの実験を考えてみる。筋肉量増大を目的としたサプリメントの実験では「筋肉量」が増えるかどうかが「主要評価項目」になる。この実験での「副次的評価項目」には表8－2に示したようなものがあり、これらは筋肉量の増大に関係する体内での代謝変化である。しかし、図7－8に示したように筋肉たんぱく質の合成と分解は食後と絶食期間で交互に優勢になる。したがって、サプリメントを摂取すると筋肉たんぱく質合成が高まったというような「副次的評価項目」だけでは信頼性は十分ではないということである。

　体脂肪減少を目的としたサプリメントに関しても、体脂肪分解を亢進する作用があれば必ず体脂肪が減るという保証はない。また、体脂肪減少を目的としたサプリメントでは、太っている人を対象にした実験結果が示されていることが多い。太っている人に効果のあるサプリメントが、太っていな

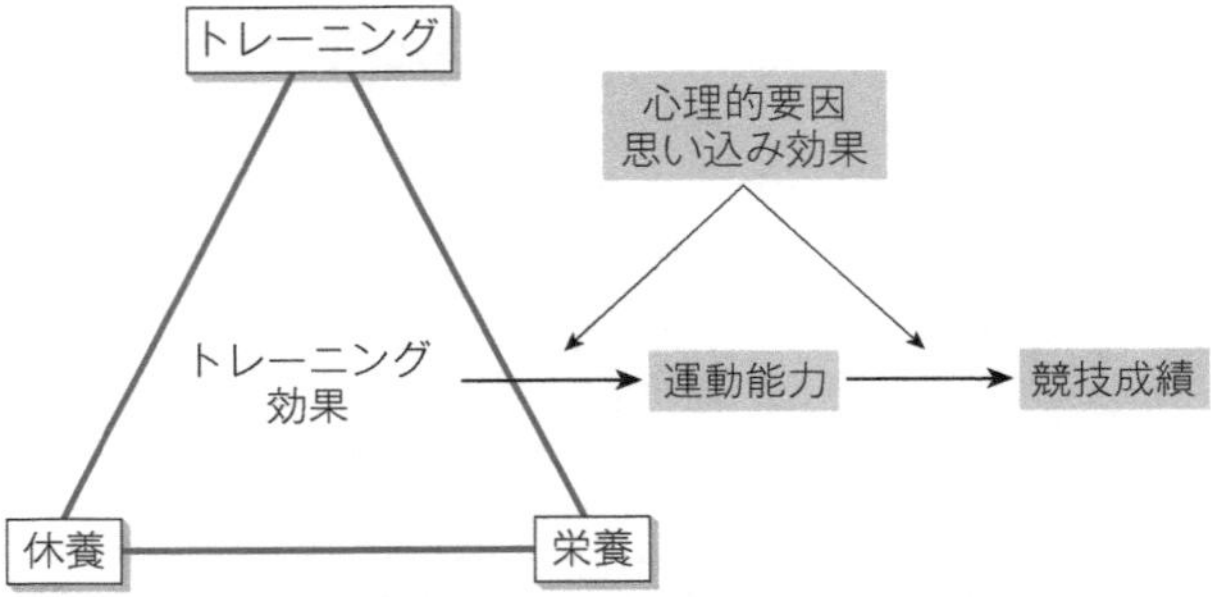

図8-4　栄養と競技成績には直接的な因果関係はない。岡村ら 2011

いけれども痩せたいと思っている人にも有効とは限らないし、太らないようにしようとしている人で体脂肪の蓄積を防ぐ効果があるとも限らない。それぞれ、適切な対象できちんとした実験がおこなわれているのかどうかを確かめる必要がある。

サプリメントと食品

サプリメントは限られた栄養素だけを含んでいる。したがって、その栄養素を補給することはできるが、すべての栄養素をサプリメントで摂るのは現実的ではない。不足する栄養素がある場合は、サプリメントに頼るのではなく食事を見直す。そうしなければ、サプリメントをやめると、またその栄養素が不足してしまうことになる。

図8－4のように、栄養はトレーニングや休養とともに必要条件の一つとして、運動能力の向上に寄与する。しかし、

運動能力が向上したからといって競技成績が上がるとは限らない。栄養が運動能力に及ぼす影響にも、運動能力が競技成績に及ぼす影響にも、心理的要因が関与する。つまり、栄養と競技成績には直接的な因果関係はない。有名なアスリートがあるサプリメントを使ったという情報に接したら、そのアスリートが強くなったのはサプリメントを使ったからなのかどうか考える必要がある。

サプリメントには、携帯性や保存性などの面で通常の食品には求めにくい利点がある。これらの利点と栄養学的な効果や経済性などを、信頼できる情報によって総合的に判断することが重要である。

第9章 スポーツ栄養学Q&A

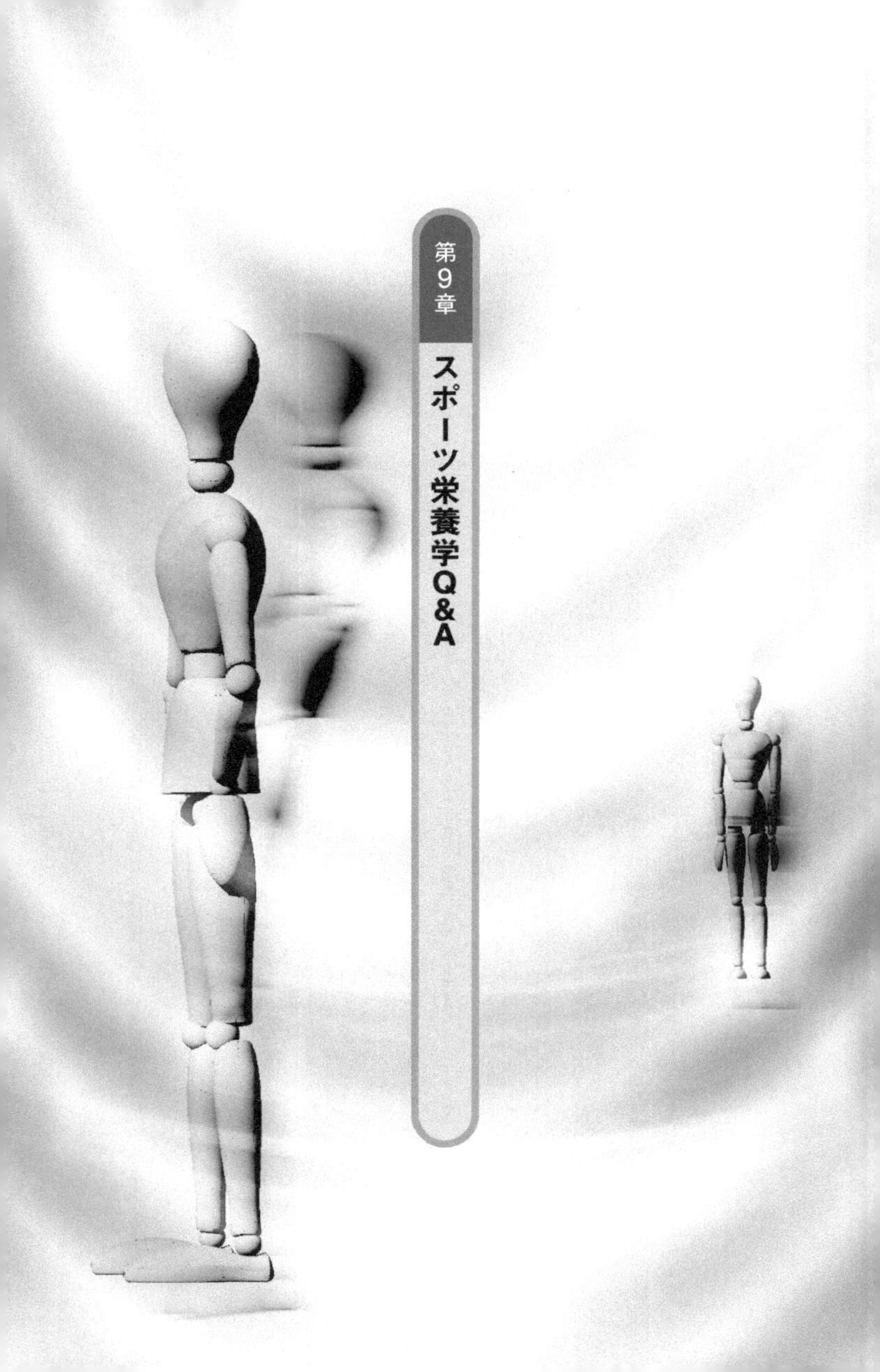

この章では、スポーツ栄養学に関する「よくある質問」をQ＆A方式で解説する。これまで本書内で説明してきたことのおさらいとしても利用してほしい。

Q　筋肉づくりにプロテインは必要か

A　必ずしも必要ではない

食事からたんぱく質が摂れていれば、それだけで十分である。サプリメントのプロテイン（たんぱく質）が筋肉トレーニングの効果を高めて筋肉づくりを促進することはない。

図7－6に示したように、運動しないでたんぱく質の摂取量を増やすだけでは筋肉づくりは刺激されないし、運動してもたんぱく質を摂れば摂るほど筋肉合成が高まるわけではない。

また、食事を制限してエネルギーが不足しているときには、プロテインを摂取してもたんぱく質はエネルギー源として消費されてしまうため、筋肉づくりには利用されない（図3－1）。摂取したたんぱく質が筋肉づくりに利用されるためには、エネルギーが充足していることが必要である。

Q　トレーニングをしても筋肉がつかない。なぜか

A　主食が少ないなど、エネルギーが不足している可能性がある

前述のように摂取したたんぱく質が筋肉合成に利用されるためには、エネルギーが充足していることが必要条件である。筋肉をつけようとしてたんぱく質の多い食品を摂っていても、主食が少ないなどエネルギーが不足した食事をしていると筋肉合成は進まない。

Q　肉より魚のほうが良いのか

A　栄養面の違いはあるが、どちらが良いとはいえない

たんぱく質補給の観点からは肉と魚には差はない（図7－4）。

肉と魚の栄養面での差は脂肪の種類にある。魚は肉よりも多価不飽和脂肪酸（図3－6）を多く含んでいる（図9－1）。多価不飽和脂肪酸は植物油に多いので、魚の脂肪の組成は植物油に近い。北極圏に住んでいるイヌイットが、脂肪の多い食事をしているのに心臓病が少ないのはエ

Q　運動しても体重が減らないのはなぜか

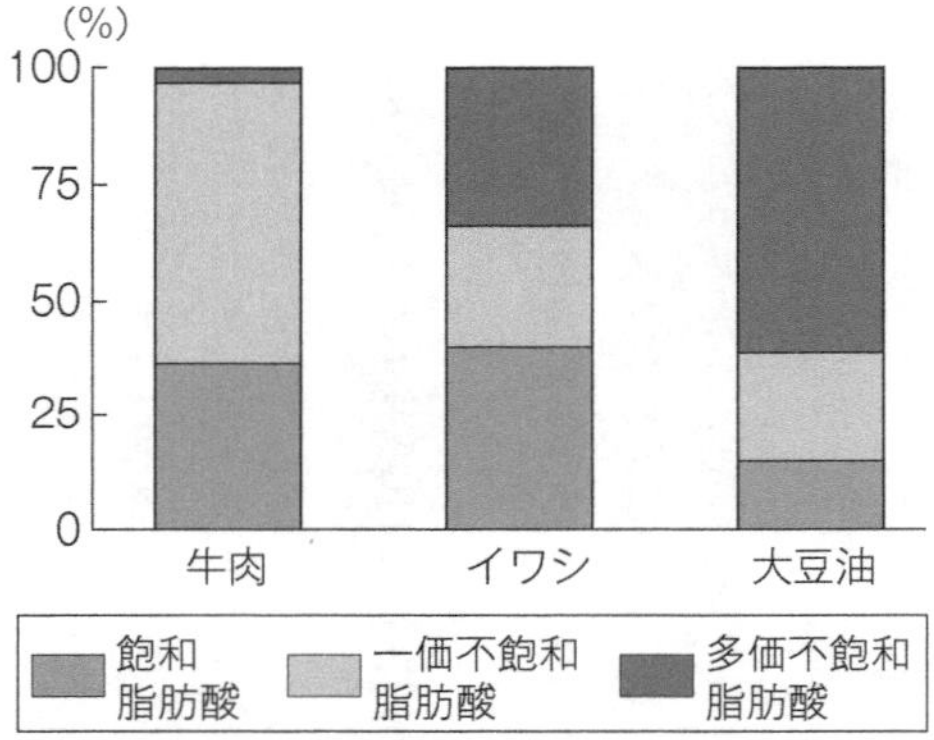

図9-1　肉、魚、植物油の脂肪酸組成の比較

イコサペンタエン酸（ＥＰＡ）やドコサヘキサエン酸（ＤＨＡ）などの多価不飽和脂肪酸を含んだ魚油を摂取しているからだと考えられている。

植物性の油が常温で液体なのは多価不飽和脂肪酸が多いためである。魚の脂肪は温度の低い海水中でも固まらないように多価不飽和脂肪酸に富んでいる。常温で動物性の脂肪が固体なのに対して、植物性の油や魚油が液体なのは、脂肪酸の組成が異なっているためである。

このほか、魚は肉よりもビタミンＤが多いという特徴もある。

栄養面でこれらの違いはあるが、肉より魚のほうが良いといえるような根拠はない。

A　消費エネルギーより摂取エネルギーが多いと体重は減らない

運動で消費エネルギーを増やしても摂取エネルギーのほうが多ければ体重は減らない。たとえば、1時間ほどの運動でも体重は減る。しかし、このときの体重減少は発汗で水分が減少したためであって体脂肪が減ったためではない。運動で消費されるエネルギーは表4－3や第4章「運動による消費エネルギー」に記述した方法で知ることができる。運動でエネルギー消費量を増やすのは楽ではない。

1kgの体脂肪には約7000kcalのエネルギーが蓄えられており、これは一朝一夕に蓄積したものではない。減少させるためにもある程度の期間が必要である。消費エネルギーが摂取エネルギーを上回った状態が続けば体重は必ず減少する。1日あたり500kcal不足した状態にしたときの体脂肪の減少は2週間で1kgである。あせらないで継続する必要がある。

Q　ご飯やパンなどの主食は少なめのほうが良いのか

A　主食は多くの栄養素の供給源。少なくすれば良いというものではない

食べ過ぎてエネルギーが過剰な状態になれば太るが、それはご飯やパンだけに限ったことではない。ご飯やパンは炭水化物が多いからといって、少なめにするのが正しくないことは第1章で述べた。図1－7や図1－8に示したように、主食はたんぱく質をはじめ多くの栄養素の供給源であり、主食を減らしては栄養素のバランスを整えることはできない。したがって、主食は少なめのほうが良いということはない。

Q　ご飯とパンではどちらが良いのか

A　パンのほうがエネルギー摂取量は多くなりやすい

どちらが良いとはいえない。ただ、食べるときにご飯はそのままで食べることができるが、パンはバターやジャムなどをつけて食べることが多い。このため、パンのほうがエネルギー摂取量が多くなりやすい可能性はある。

Q　スポーツドリンクはうすめたほうが良いのか

A　うすめないほうが良い

エネルギー消費量の多いトレーニングをしているアスリートでは、トレーニング中にエネルギー欠乏にならないように炭水化物の摂取が必要なことがある。第6章で述べたように、市販のスポーツドリンクはそのまま飲むことで運動中に必要な水分・炭水化物・ナトリウムが補給できるように調製されている。したがって、うすめて飲んだほうが良いということはない。スポーツドリンクは甘過ぎるのでうすめたほうが飲みやすいと聞くことがある。しかし、水とスポーツドリンクを好きなだけ飲んでもらって飲用量を調べると、スポーツドリンクのほうをたくさん飲むことが示されているし（Passe ら）、運動させたラットでも糖濃度を低くするとたくさん飲むということはない（池田ら）。

しかし、健康のためやダイエット目的で運動している場合で、炭水化物が不足して血糖値が低下するようなことがなければ、運動中に炭水化物を補給する必要はなく、炭水化物の入ったスポーツドリンクを飲む必要はない。また、発汗量がそれほど多くなく、運動中に2％以上の体重減少もないような場合にも、スポーツドリンクを飲む必要性は高くない。

Q　スポーツドリンクは太るのか

A　太りやすい飲料ではない

スポーツドリンクの炭水化物濃度は5％ほどで、一般のソフトドリンクの10％よりも低い。500mlあたりのエネルギーは、スポーツドリンクが100kcal程度なのに対してソフトドリンクでは200kcalである。

太るのはエネルギーの摂取量が消費量を上回った状態が続くことによる。スポーツドリンクには炭水化物が含まれているため、どんなに飲んでも太らないとはいえないが、ソフトドリンクよりも太りやすいということはない。

Q　脂肪燃焼を促進するスポーツドリンクは意味があるのか？

A　体脂肪がみるみる減るほどの効果は期待しないほうが良い

運動が長時間になると脂肪組織に貯蔵されている脂肪の分解が刺激される。体脂肪の分解によって生じた脂肪酸が血流によって筋肉へ運ばれ、エネルギー源として酸化されてエネルギーが生産される。この酸化のことを「燃焼」ということがある。

第6章「運動後に必要な栄養と摂取法」で述べたように、一度の運動でエネルギー源として消費される体脂肪は数十グラムである。仮に飲料で脂肪燃焼が2倍に増加しても、その増加量は体重がどんどん減ると実感できるほどのものとはいえない。運動を継続的におこなうことのほうが重要である。

Q　炭酸飲料は体に悪いのか

A　科学的根拠はない

炭酸飲料が運動に悪影響を及ぼすという科学的な証拠はない。炭酸の強い飲料を大量に飲むと腹部の膨満感を覚えることがあるかもしれない。それが運動に支障を及ぼすようであれば、飲み過ぎが原因であって炭酸が体に悪いということではない。

図9－2は、標準的なスポーツドリンクの炭水化物の濃度である6％の砂糖を含んだ飲料の甘味を、運動中には運動前よりも強く感じることを示している。運動すると甘味閾値が低下する

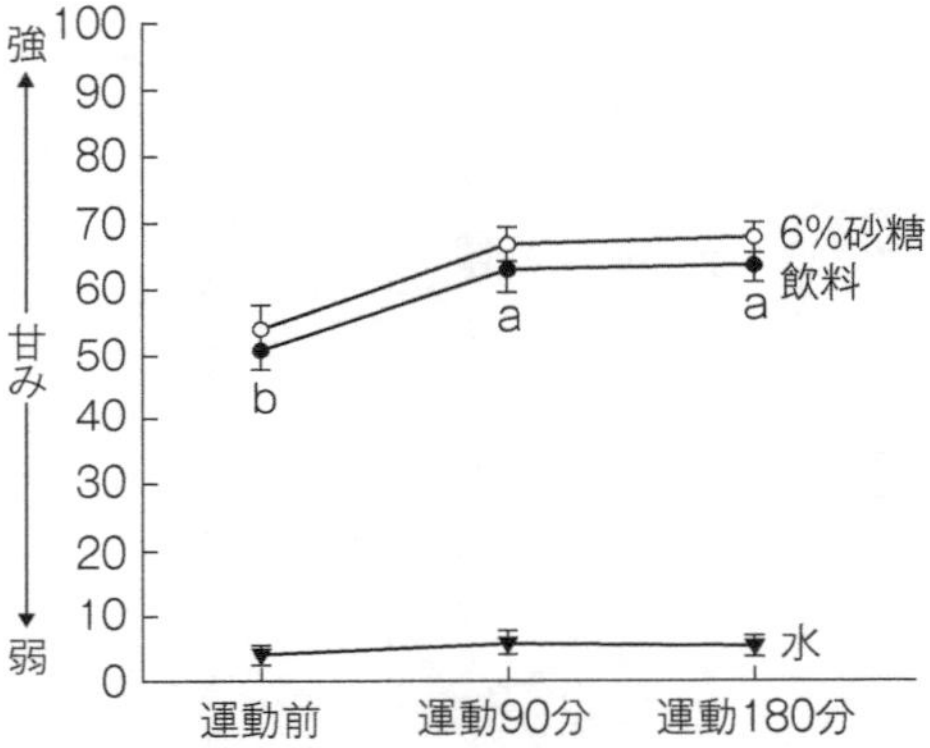

図9-2　運動するとショ糖飲料の甘味を強く感じるようになる。Passe DH ら 2000

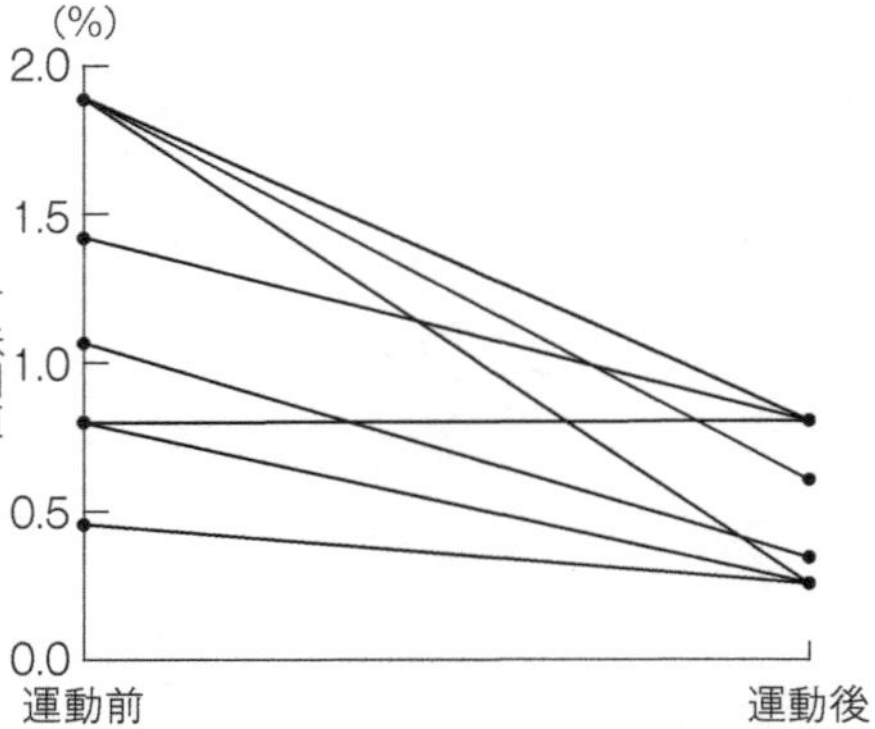

図9-3　運動すると甘味閾値が低下する。岡村ら 2008

（図9-3）、すなわち甘味の少ないものでも甘味を感じるようになるため、運動中には甘味を強く感じるのかもしれない。

血糖値が低下することがあるような激しい運動をする場合には、炭水化物を補給する必要がある（図2-2）。炭酸は甘味を感じにくくする。このため、スポーツドリンクがしばしば甘過ぎるという理由で水でうすめられるのに対して、微炭酸のスポーツドリンクはうすめないでも飲める可能性がある。むしろ、必要な炭水化物を補給するのに役立つかもしれない。

Q　ミネラルウォーターは水分補給に有効か

A　ナトリウム濃度が低く有効とはいえない

水分補給にナトリウムが必要なことは図6-3などで触れた。望ましい食塩濃度は0・1～0・2％であり、ナトリウムの濃度では39～79mg／100mlに相当する。表9-1のように市販ミネラルウォーターのナトリウム濃度は最も高いもので2・95mg／100mlであり、望ましい濃度よりもはるかに低い。栄養成分は「その成分が含まれている」だけでは十分ではない。「必要な量が含まれている」ことが重要である。

	ナトリウム	カルシウム	マグネシウム	カリウム	硬度
A	0.4〜1.0	0,6〜1.5	0.1〜0.3	0.1〜0.5	約30
B	1.25	0.85	0.29	0.10	33.1
C	0.80	1.30	0.64	0.16	59
D	0.87	1.00	0.29	0.13	表示なし
E	2.95	0.65	0.37	0.08	32
F	1.16	1.15	0.80	0.62	60
G	0.70	8.00	2.60	—	304
H	1.13	0.64	0.54	0.18	38
I	0.77	9.40	2.00	0.50	315
J	0.94	46.8	7.45	0.28	1,448
K	1.18	15.5	0.68	0.13	401
S市の水道水	表示なし	0.79	0.33	0.17	表示なし

(mg/100ml)

表9-1　ミネラルウォーターＡ〜ＫとＳ市の水道水のミネラル含量

カルシウムは、不足しないように気をつける必要のあるミネラルであることを、第８章で述べた。カルシウムの推奨量は１日あたり６００mgほどなので、１００gに１００mgのカルシウムを含む牛乳はカルシウム補給に役立つといえる。一方、ミネラルウォーターのほとんどは、カルシウムを補給するために飲むのは現実的ではないことが表９－１から分かる。

また、表９－１に示したように水道水にもミネラルは含まれている。水道水は河川や地下水から浄水されるので採水地の土壌のミネラルが含まれている。ミネラルの含量やバランスで水の味が変わる。このため、水の味は地方によって違う。

Q　サプリメントを使わなければトレーニングに必要な栄養素が摂れないか

A　サプリメントがなくても必要な栄養素は十分摂取できる

いろいろな食品を摂り、必要な量のエネルギーを摂取していれば、トレーニングに必要な栄養素を摂ることができる。いろいろな食品とは、主食、主菜、副菜、乳製品、果物のことであり、主食：主菜：副菜の望ましい比率は3：1：2である。詳しくは第1章を参照されたい。

Q　ビタミンやミネラルの大量摂取は有効か

A　多く摂るほど有効というわけではない

ビタミンやミネラルの大量補給が、運動能力やトレーニング効果を高めたりすることはない。これらの栄養素は不足すると関係する身体機能に支障が出る。しかし、多く摂れば関係する機能が向上することはない。過剰症のあるものもあるので摂り過ぎないようにする。

	飲用量（g）	アルコール含量（g）	アルコールの処理に必要な時間（時間）		
			体重		
			40kg	60kg	80kg
ビール（1缶350ml）	353	16.2	4.1	2.7	2.0
日本酒（グラス中1杯）	180	22.1	5.5	3.7	2.8
ワイン（ワイングラス1杯）	100	9.3	2.3	1.6	1.2
焼酎（グラス大1杯）	190	39.0	9.8	6.5	4.9
ウイスキー（グラス小1杯）	30	10.0	2.5	1.7	1.3

アルコールの処理能力は0.1g/kg体重/時間

表9-2　アルコールを処理するのに必要な時間

Ｑ　アルコール飲料の適量はどのくらいか？

Ａ　食事がおろそかになったり食べ過ぎたりしない程度にする

アルコール飲料は食欲を高める。飲んだ後でもラーメンなどが食べられてしまうのは、そのためである。飲酒して太るのは食べ過ぎることの影響が大きいと考えられる。食べ過ぎることのないように気をつける。

一方、飲み過ぎると、きちんとした食事を摂ろうとする気持ちが損なわれることがある。以上のようなアルコール飲料を飲んだことの影響は、せっかくの運動トレーニングの効果をなくしてしまうことになる。

一般的に適度な飲酒は１日平均で純アルコール量として約20ｇ、限度は40〜50ｇとされている。表９－２のアルコール含量を参考にしていただきたい。アルコールは体内で代謝され、最後は水と二酸化炭素になる。平均的には体重１kgあたり・１時間あたりに０・１ｇのアルコールが処理される。表９－２には、アルコール飲料を飲んだ場合の処理時間も示した。夜遅くまで飲んでいると翌朝までにアルコールが処理しきれない場合のあることが分かるだろう。

終章 生活の中にスポーツを

太っていることは問題ではない。体力が問題である

太りたくない、あるいは痩せたい、というのは、ジムで運動する人の目的の上位に入るだろう。太っていると健康に良くないと考える人はとても多い。

太っているかどうかの指標に「体型指数」がある。図10－１は、体型指数、運動能力の指標の心肺能力、それと生存率との関係を調べた結果である。平均15年間（標準偏差７・９年）、延べ人数が３万６７１０人・年の調査で、このうち、１７９人が心疾患で死亡している。

図10－１Ａは、体型指数と生存率の関係を示している。これを見ると、体型指数が高い人、すなわち太っている人のほうが生存率は低い。つまり長生きしていない。一方、図10－１Ｂを見ると、心肺能力が低い人も長生きしていない。この調査で興味深いのは図10－１Ｃである。体型指数と心肺能力を組み合わせて分類すると、太っていても心肺能力が高いと長生きしているのに対して、太っていなくても心肺能力が低いと長生きしていない。

次に、図10－２を見てみよう。これは、心肺能力と体格が心臓血管疾患での死亡リスクにどう影響するかを示したグラフである（より正確に記述すると、標準体重で心肺能力の高い２型糖尿病患者が、心臓血管疾患で死亡するリスクを１とした場合、標準体重、過体重、そして肥満に分

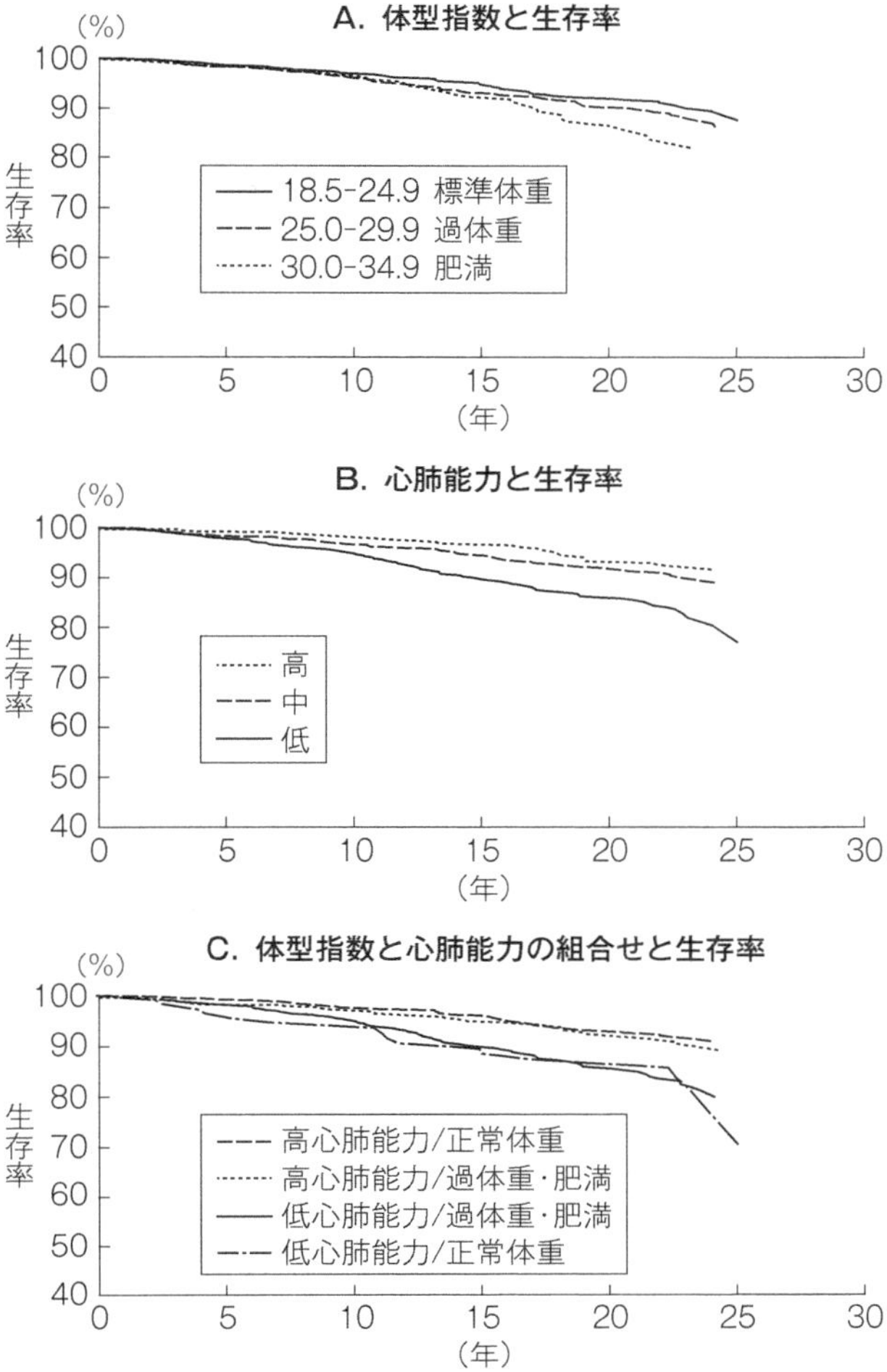

図10-1　体型指数（BMI）及び心肺能力と生存率。Church TSら2005

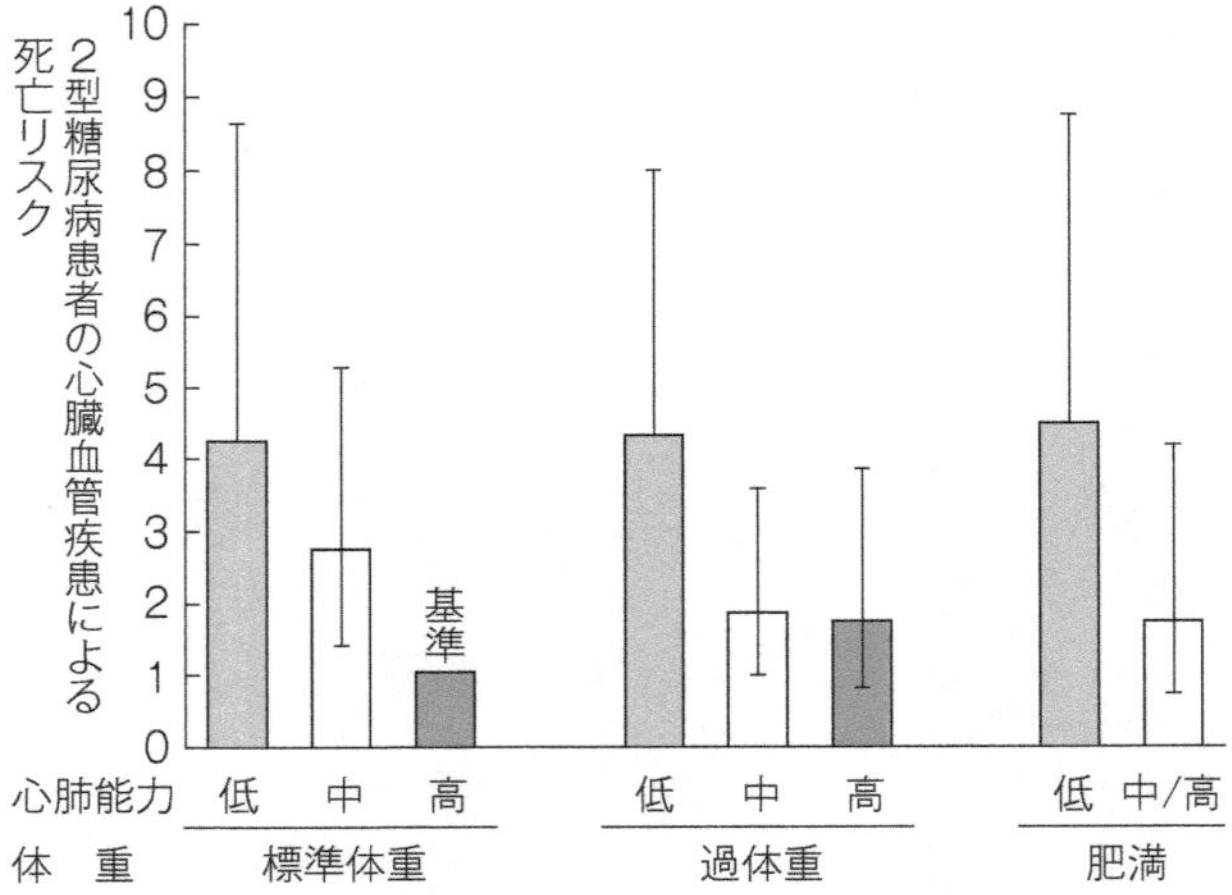

図10-2　心肺能力と体型指数で分類した場合の心臓血管疾患による死亡リスク。Blair SN2009

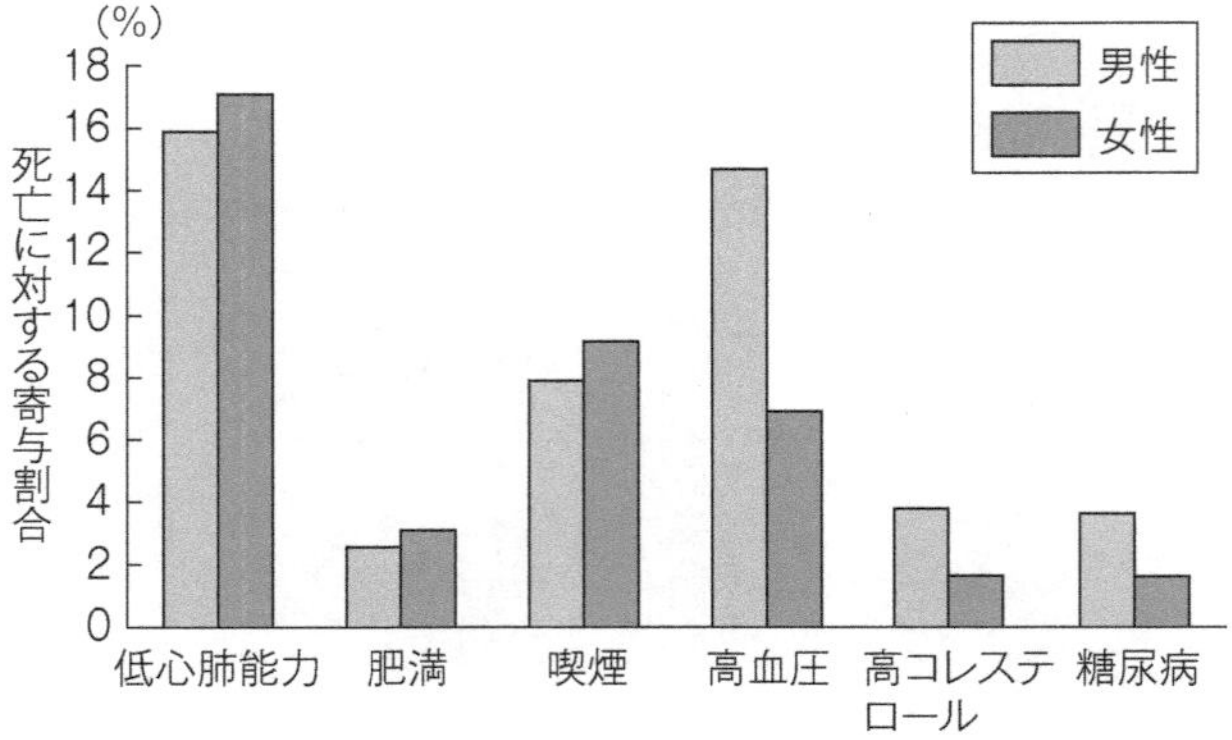

図10-3　死亡に対する寄与割合。Blair SN 2009

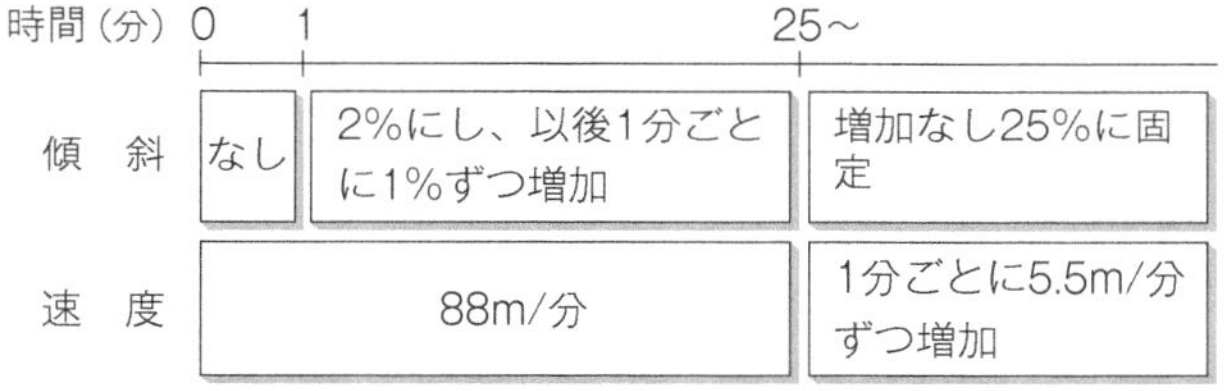

図10-4　心肺能力測定方法。Church TSら2001

類される人たちを、さらに心肺能力で分類したとき、それぞれの分類に属する人が心臓血管疾患で死亡するリスクを示している）。標準体重でも心肺能力が低いと、心肺能力が高い人よりもリスクが高い。一方、太っていても心肺能力が高ければリスクは高くない。

　これらの調査結果は、太っているかどうかよりも心肺能力が高いか低いかが、健康状態に影響することを示している。

　そして、図10－3はもっと分かりやすい。すべての死亡に対する種々の要因の寄与割合を示したグラフである。ご覧のとおり、男女ともに心肺能力が低いことの寄与割合が最も高い。ここでも肥満の寄与割合は高くない。

　これらの研究での心肺能力はトレッドミルで運動をして、その結果で判定している。運動内容は最初の1分は傾斜なしで、やや早歩き（分速88m）で歩き、その後25分までは上り傾斜をきつくしていき、25分以降はその傾斜で速度を上げていく（図10－4）。基準は表10－1のとおりである。年齢にもよるが、15～20分以上、やや早歩きで上り坂を歩ける

年齢	心肺能力	運動時間（分：秒）
20〜39	低 中 高	〜15:00 15:01〜20:20 20:21〜
40〜49	低 中 高	〜13:30 13:31〜19:00 19:01〜
50〜59	低 中 高	〜11:00 11:01〜16:00 16:01〜
60〜	低 中 高	〜 7:45 7:46〜13:04 13:05〜

表10-1　心肺能力の判定。Church TSら2001

と心肺能力が高いと判定されることになる。

心肺能力とは、簡単にいえば体力のことである。つまり、太っていること自体が健康上問題なのではなく、体力がないことのほうが大きな問題なのである。

食事で痩せることと運動で痩せることとは違う

我が国では約２０００万人が糖尿病とその予備軍だという。糖尿病では、血糖値を低下させるホルモンであるインスリンの働きが悪くなる。インスリンには血管を拡張する作用がある。肥満や糖尿病ではインスリンによる血管拡張作用が障害されているため、血糖値が下がりにくくなると考えられている。

減量すると血糖値が下がる。では、食べる量を減らして減量をするのと、運動をして減量をするのはどちらが良いだろうか。

図10－5は、それをラットで実験したものである。すなわち、過食で肥満しインスリンの作用

が悪くなるタイプの２型糖尿病を発症するラットを３つに分類し、食餌制限と運動の影響を調べた。分類は以下の３つである。

①対照群　食餌制限せず運動もさせない
②運動群　回転かごで自由に走ることができるようにした
③エネルギー制限群　運動はさせないが、運動群と体重が等しくなるように食餌量を制限した

運動群のラットは10週齢で最も走行距離が長く、１日で平均10・９km走行した。その後、走行距離は40週齢では１日あたり３・６kmに減少した。ラットは３週齢で離乳し、性成熟は７週齢、寿命は２年から２年半なので、この研究はラットのおよそ成長期から中年までの期間でおこなわれたことになる。

実験が終了した40週齢の結果を見てみよう。

体重と体脂肪率は、対照群よりも運動群とエネルギー制限群で低かったが、運動群とエネルギー制限群に差はなかった。しかし、インスリンの作用を示す血糖曲線下面積（図10－５C）は、運動群では対照群よりも小さく、インスリンの働きが良くなったことが認められたのに対して、エネルギー制限群では対照群と差がなく、インスリンの働きは良くならなかった。

つまり、食べる量を減らすだけの減量と、運動による減量をくらべると、後者のほうが健康に

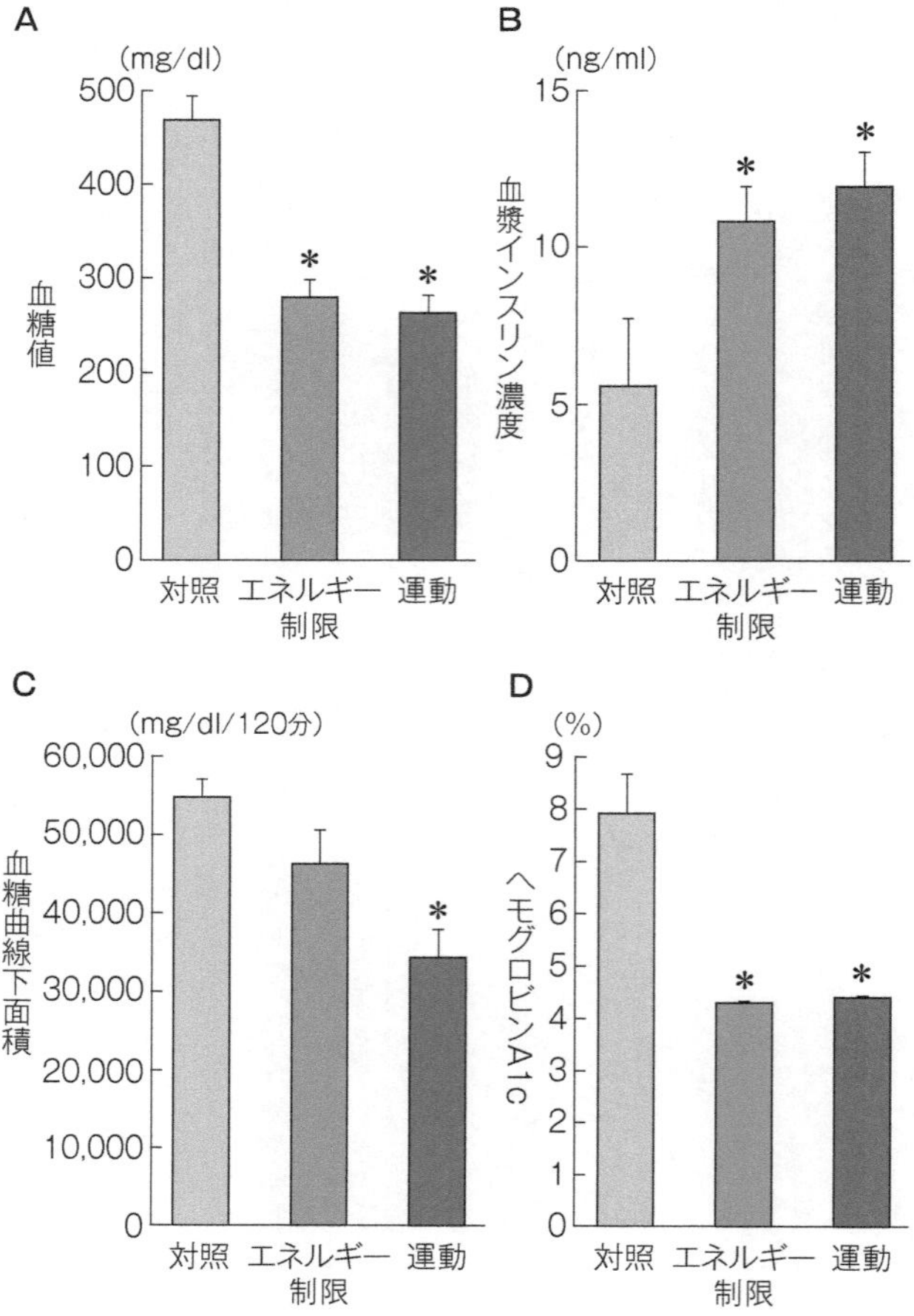
A
(mg/dl)
血糖値
500
400
300
200
100
0
対照
エネルギー制限
運動
*
B
(ng/ml)
血漿インスリン濃度
15
10
5
0
対照
エネルギー制限
運動
*
C
(mg/dl/120分)
血糖曲線下面積
60,000
50,000
40,000
30,000
20,000
10,000
0
対照
エネルギー制限
運動
*
D
(%)
ヘモグロビンA1c
9
8
7
6
5
4
3
2
1
0
対照
エネルギー制限
運動
*

は良い、ということになる。

生活の中にスポーツを取り入れることの大切さ

図10－1～図10－3の研究をおこなったスティーヴン・ブレアーは次のように述べている。「医師は運動について説明するとき『運動したほうが良いと思いますよ。体重を減らすのに役立ちますから』と言うのではないかと思う。しかし、このメッセージは正しくない。いうまでもなく日常的な運動は体重管理に役立つ。しかし、運動は体重を減少させるかさせないかに関わりなく、健康にとってきわめて重要だ」

我が国ではメタボリックシンドロームの予防や治療のために特定健診、特定保健指導がおこなわれている。その主要な目的は太り過ぎの防止・改

図10-5（右ページ）　遺伝的糖尿病ラットの血糖値、血漿インスリン濃度、血糖曲線下面積及びヘモグロビンA1cに対するエネルギー制限と運動の影響。＊対照に対して有意差がある。Mikus CRら2010

エネルギー制限によっても運動によっても、絶食時の血糖値（図10-5A）とヘモグロビンA1c（図10-5D）は低下し、血漿インスリン濃度（図10-5B）も改善した。しかし、血糖曲線下面積（図10-5C）は運動群で減少したのに対してエネルギー制限群では減少しなかった。血糖曲線下面積は体の糖質処理能力の指標で、糖質を投与して調べる。糖質を投与すると血糖値が上昇し、やがて投与前の値に戻る。この血糖値の変化を折れ線グラフにしたものが血糖曲線で、血糖曲線下面積は投与前からの折れ線グラフの上昇分の面積を計算する。血糖曲線下面積の減少は糖質の処理能力が向上したこと、言い換えればインスリンの働きが良くなったことを示す。このように、運動で痩せた場合にはインスリンの働きが良くなったのに対して、エネルギー制限で痩せた場合にはインスリンの働きは良くなっていない。

善であり、食事指導と運動指導がおこなわれる。

痩せるのは食事を制限するだけで可能である。しかし、心肺能力などの体力を高めるには運動が必須である。スポーツを日常生活に取り入れ、日頃から体を動かすようにすることが健康のために重要であることの根拠といえるだろう。

日本体育協会を設立した嘉納治五郎は設立趣意書で、「国の盛衰は、国民の精神が充実しているか否かによる。国民の精神の充実度は国民の体力に大きく関係する。そして、国民の体力は国民一人ひとりおよび関係する機関・団体等が体育（スポーツ）に関して、その重要性をどのように認識しているかによる」と述べ、体育を振興するためにオリンピックへの参加を目指したという。

オーストラリアは現在はスポーツ大国である。しかし、1976年のモントリオールオリンピックで獲得したメダルは金0、銀1、銅4だった。国民のスポーツに対する関心がうすれて、健康が損なわれるようなことになってはいけないと当時の政府は危惧した。そして、国際的な競技力を高めれば国民のスポーツに対する関心が高まるだろうと考え、オーストラリアスポーツ科学研究所が設立されたのだという。

両者に共通しているのは、スポーツ振興で国民が体を動かすようになることが健康増進に重要だという哲学である。オリンピックなどでメダルを獲得することを目的として設立されたわけではない。

特に運動不足になりやすい現代では、健康増進のために運動することの意味はきわめて大きい。しかし、運動しても栄養・食事が適切でなければ、運動の効果が得られず健康になれないばかりか、かえって健康を害することになりかねない。

本書では運動を安全かつ効果的におこなうための栄養・食事のあり方について述べた。読者の皆さんが運動・スポーツをする上で多少でもお役に立てればと思う。

参考文献

Almond CS, Shin AY, Fortescue EB, Mannix RC, Wypij D, Binstadt BA, Duncan CN, Olson DP, Salerno AE, Newburger JW, Greenes DS. Hyponatremia among runners in the Boston Marathon. N Engl J Med. 2005; 352: 1550-6

Ariel G, Saville W. Anabolic steroids: the physiological effects of placebo. Med Sci Sports Exerc. 1972; 4: 124-6

Beedie CJ, Coleman DA, Foad AJ. Positive and negative placebo effects resulting from the deceptive administration of an ergogenic aid. Int J Sport Nutr Exerc Metab. 2007; 17: 259-69

Bergström J, Hermansen L, Hultman E, Saltin B. Diet, muscle glycogen and physical performance. Acta Physiol Scand. 1967; 71: 140-50

Blair SN. Physical inactivity: the biggest public health problem of the 21st century. Br J Sports Med. 2009; 43: 1-2

Bosy-Westphal A, Kossel E, Goele K, Later W, Hitze B, Settler U, Heller M, Glüer CC, Heymsfield SB, Müller MJ. Contribution of individual organ mass loss to weight loss-associated decline in resting energy expenditure. Am J Clin Nutr. 2009; 90: 993-1001

Church TS, LaMonte MJ, Barlow CE, Blair SN. Cardiorespiratory fitness and body mass index as predictors of cardiovascular disease mortality among men with diabetes. Arch Intern Med. 2005; 165: 2114-20

Church TS, Kampert JB, Gibbons LW, Barlow CE, Blair SN. Usefulness of cardiorespiratory fitness as a predictor of all-cause and cardiovascular disease mortality in men with systemic hypertension. Am J Cardiol. 2001; 88: 651-6

Costill DL, Miller JM. Nutrition for endurance sport: carbohydrate and fluid balance. Int J Sports Med 1980; 1: 2-14

Coyle EF, Montain SJ. Carbohydrate and fluid ingestion during exercise: are there trade-offs? Med Sci Sports Exerc. 1992; 24: 671-8

Coyle EF, Coggan AR, Hemmert MK, Ivy JL. Muscle glycogen utilization during prolonged strenuous exercise when fed carbohydrate. J Appl Physiol. 1986; 61: 165-72

Drinkwater BL, Nilson K, Chesnut CH 3rd, Bremner WJ, Shainholtz S, Southworth MB. Bone mineral content of amenorrheic and eumenorrheic athletes. N Engl J Med. 1984; 311: 277-81

Esmarck B, Andersen JL, Olsen S, Richter EA, Mizuno M, Kjaer M. Timing of postexercise protein intake is important for muscle hypertrophy with resistance training in elderly humans. J Physiol. 2001; 535: 301-11

Fiatarone MA, Marks EC, Ryan ND, Meredith CN, Lipsitz LA, Evans WJ. High-intensity strength training in nonagenarians. Effects on skeletal muscle. JAMA 1990; 263: 3029-34

Forbes GB. Body fat content influences the body composition response to nutrition and exercise. Ann N Y Acad Sci. 2000; 904: 359-65

Hamilton MT, Gonzalez-Alonso J, Montain SJ, Coyle EF. Fluid replacement and glucose infusion during exercise prevent cardiovascular drift. J Appl Physiol. 1991; 71: 871-7

Hill JO, Sparling PB, Shields TW, Heller PA. Effects of exercise and food restriction on body composition and metabolic rate in obese women. Am J Clin Nutr 1987; 46: 622-30

池田香代、岡村浩嗣「運動後のラットのショ糖溶液に対する嗜好の変化が体水分及び組織グリコーゲンの回復に及ぼす影響」体力科学、2008; 57: 533-540

井上なぎさ、岡田佐知子、岡村浩嗣「一人暮らしの中高齢者のための簡便な朝食の検討」ライフケアジャーナル、2008; 1: 42-47

Ivy JL, Katz AL, Cutler CL, Sherman WM, Coyle EF. Muscle glycogen synthesis after exercise: effect of time of carbohydrate ingestion. J Appl Physiol. 1988; 64: 1480-5

Juillet B, Fouillet H, Bos C, Mariotti F, Gausserès N, Benamouzig R, Tomé D, Gaudichon C. Increasing habitual protein intake results in reduced postprandial efficiency of peripheral, anabolic wheat protein nitrogen use in humans. Am J Clin Nutr. 2008; 87: 666-78

Karlsson J, Saltin B. Diet, muscle glycogen, and endurance performance. J Appl Physiol. 1971; 31: 203-6

Kondo E, Inoue N, Okada S, Yaji K, Hirota A, Okamura K. Post-exercise meal timing alleviates decreased protein efficiency for skeletal muscle growth in rats fed high-protein diet. FASEB J 2008; 22: 869.4

Kriketos AD, Baur LA, O'Connor J, Carey D, King S, Caterson ID, Storlien LH. Muscle fibre type composition in infant and adult populations and relationships with obesity. Int J Obes Relat Metab Disord. 1997; 21: 796-801

Lemon PW, Mullin JP. Effect of initial muscle glycogen levels on protein catabolism during exercise. J Appl Physiol. 1980; 48: 624-9

Levenhagen DK, Gresham JD, Carlson mg, Maron DJ, Borel MJ, Flakoll PJ. Postexercise nutrient intake timing in humans is critical to recovery of leg glucose and protein homeostasis. Am J Physiol Endocrinol Metab. 2001; 280: E982-93

Lovelady CA, Bopp MJ, Colleran HL, Mackie HK, Wideman L. Effect of exercise training on loss of bone mineral

density during lactation. Med Sci Sports Exerc. 2009; 41: 1902-7
Mayer J, Roy P, Mitra KP. Relation between caloric intake, body weight, and physical work: studies in an industrial male population in West Bengal. Am J Clin Nutr. 1956; 4: 169-75
Mayer J, Marshall NB, Vitale JJ, Christensen JH, Mashayekhi MB, Stare FJ. Exercise, food intake and body weight in normal rats and genetically obese adult mice. Am J Physiol. 1954; 177: 544-8
Mikus CR, Rector RS, Arce-Esquivel AA, Libla JL, Booth FW, Ibdah JA, Laughlin MH, Thyfault JP. Daily physical activity enhances reactivity to insulin in skeletal muscle arterioles of hyperphagic Otsuka Long-Evans Tokushima Fatty rats. J Appl Physiol. 2010; 109: 1203-10
Millward DJ, Bowtell JL, Pacy P, Rennie MJ. Physical activity, protein metabolism and protein requirements. Proc Nutr Soc. 1994; 53: 223-40
Moore DR, Robinson MJ, Fry JL, Tang JE, Glover EI, Wilkinson SB, Prior T, Tarnopolsky MA, Phillips SM. Ingested protein dose response of muscle and albumin protein synthesis after resistance exercise in young men. Am J Clin Nutr. 2009; 89: 161-8
Moore DR, Del Bel NC, Nizi KI, Hartman JW, Tang JE, Armstrong D, Phillips SM. Resistance training reduces fasted- and fed-state leucine turnover and increases dietary nitrogen retention in previously untrained young men. J Nutr. 2007; 137: 985-91
中井誠一、芳田哲也、赤本明、岡本直輝、森本武利　体力科学 1994; 43: 283-289
Nose H, Morita M, Yawata T, Morimoto T. Recovery of blood volume and osmolality after thermal dehydration in rats. Am J Physiol. 1986; 251: R492-8
岡村浩嗣編著『市民からアスリートまでのスポーツ栄養学』八千代出版、2011

岡村浩嗣、宮崎（金原）志帆「甘味、塩味、酸味および苦味の閾値に対する運動の影響」臨床スポーツ医学、2007; 24: 233-8

Okamura K, Doi T, Hamada K, Sakurai M, Matsumoto K, Imaizumi K, Yoshioka Y, Shimizu S, Suzuki M. Effect of amino acid and glucose administration during postexercise recovery on protein kinetics in dogs. Am J Physiol. 1997; 272: E1023-30

Okano G, Suzuki M, Kojima M, Sato Y, Lee SJ, Okamura K, Noriyasu S, Doi T, Shimomura Y, Fushiki T, Shimizu S. Effect of timing of meal intake after squat exercise training on bone formation in the rat hindlimb. J Nutr Sci Vitaminol. 1999; 45: 543-52

Okuno T, Yawata T, Nose H, Morimoto T. Difference in rehydration process due to salt concentration of drinking water in rats. J Appl Physiol. 1988; 64: 2438-43

Passe DH, Horn M, Murray R. Impact of beverage acceptability on fluid intake during exercise. Appetite 2000; 35: 219-29

Parise G, Yarasheski KE. The utility of resistance exercise training and amino acid supplementation for reversing age-associated decrements in muscle protein mass and function. Curr Opin Clin Nutr Metab Care 2000; 3: 489-95

Pratley R, Nicklas B, Rubin M, Miller J, Smith A, Smith M, Hurley B, Goldberg A. Strength training increases resting metabolic rate and norepinephrine levels in healthy 50- to 65-yr-old men. J Appl Physiol 1994; 76: 133-7

Price GM, Halliday D, Pacy PJ, Quevedo MR, Millward DJ. Nitrogen homeostasis in man: influence of protein intake on the amplitude of diurnal cycling of body nitrogen. Clin Sci (Lond). 1994; 86: 91-102

Suzuki M, Doi T, Lee SJ, Okamura K, Shimizu S, Okano G, Sato Y, Shimomura Y, Fushiki T. Effect of meal timing after resistance exercise on hindlimb muscle mass and fat accumulation in trained rats. J Nutr Sci Vitaminol. 1999; 45: 401-9

Suzuki M, Satoh Y, Hashiba N. Effect of voluntary running exercise on hypertriacylglycerolemic effect of sucrose in relation to its feeding timing in rats. J Nutr Sci Vitaminol. 1983; 29: 663-70

Suzuki M, Hashiba N, Kajuu T. Influence to timing of sucrose meal feeding and physical activity on plasma triacylglycerol levels in rat. J Nutr Sci Vitaminol. 1982; 28: 295-310

Tai S, Tsurumi Y, Yokota Y, Masuhara M, Okamura K. Effects of Rapid or Slow Body Mass Reduction on Body Composition in Adult Rats. J Clin Biochem Nutr. 2009; 45: 185-92

Tarnopolsky MA, Atkinson SA, MacDougall JD, Chesley A, Phillips S, Schwarcz HP. Evaluation of protein requirements for trained strength athletes. J Appl Physiol. 1992; 73: 1986-95

Thompson JL, Manore MM, Skinner JS, Ravussin E, Spraul M. Daily energy expenditure in male endurance athletes with differing energy intakes. Med Sci Sports Exerc. 1995; 27: 347-54

Tzankoff SP, Norris AH. Effect of muscle mass decrease on age-related BMR changes. J Appl Physiol. 1977; 43: 1001-6

さくいん

N.D.C.498.55　206p　18cm

ブルーバックス　B-1807

ジムに通《かよ》う人《ひと》の栄養学《えいようがく》

スポーツ栄養学入門

2013年３月20日　第１刷発行
2025年７月８日　第11刷発行

著者　岡村浩嗣《おかむらこうじ》
発行者　篠木和久
発行所　株式会社講談社
〒112-8001 東京都文京区音羽2-12-21
電話　出版　03-5395-3524
販売　03-5395-5817
業務　03-5395-3615
印刷所　（本文表紙印刷）株式会社ＫＰＳプロダクツ
（カバー印刷）信毎書籍印刷株式会社
本文データ制作　講談社デジタル製作
製本所　株式会社ＫＰＳプロダクツ

定価はカバーに表示してあります。
©岡村浩嗣　2013，Printed in Japan
落丁本・乱丁本は購入書店名を明記のうえ、小社業務宛にお送りください。送料小社負担にてお取替えします。なお、この本についてのお問い合わせは、ブルーバックス宛にお願いいたします。
本書のコピー、スキャン、デジタル化等の無断複製は著作権法上での例外を除き禁じられています。本書を代行業者等の第三者に依頼してスキャンやデジタル化することはたとえ個人や家庭内の利用でも著作権法違反です。

ISBN978−4−06−257807−3

発刊のことば

科学をあなたのポケットに

二十世紀最大の特色は、それが科学時代であるということです。科学は日に日に進歩を続け、止まるところを知りません。ひと昔前の夢物語もどんどん現実化しており、今やわれわれの生活のすべてが、科学によってゆり動かされているといっても過言ではないでしょう。

そのような背景を考えれば、学者や学生はもちろん、産業人も、セールスマンも、ジャーナリストも、家庭の主婦も、みんなが科学を知らなければ、時代の流れに逆らうことになるでしょう。

ブルーバックス発刊の意義と必然性はそこにあります。このシリーズは、読む人に科学的に物を考える習慣と、科学的に物を見る目を養っていただくことを最大の目標にしています。そのためには、単に原理や法則の解説に終始するのではなくて、政治や経済など、社会科学や人文科学にも関連させて、広い視野から問題を追究していきます。科学はむずかしいという先入観を改める表現と構成、それも類書にないブルーバックスの特色であると信じます。

一九六三年九月　　野間省一